U0924891

和樂齋友賞硯

己亥君陶题

瑞　夫◎编著

燕山大学出版社

·秦皇岛·

图书在版编目（CIP）数据

和乐斋友赏砚 / 瑞夫编著 . —秦皇岛：燕山大学出版社，2021.7
ISBN 978-7-5761-0147-8

Ⅰ . ①和… Ⅱ . ①瑞… Ⅲ . ①砚—鉴赏—中国 Ⅳ . ① K875.4

中国版本图书馆 CIP 数据核字（2021）第 151112 号

和乐斋友赏砚

瑞夫 编著

出 版 人：陈　玉
策　　划：韦子恒
摄　　影：韦子恒
责任编辑：唐　雷
封面题字：霍春阳
封面设计：孟　梦
装帧设计：方志强
出版发行：燕山大学出版社 YANSHAN UNIVERSITY PRESS
地　　址：河北省秦皇岛市河北大街西段 438 号
邮政编码：066004
电　　话：0335-8387555
印　　刷：秦皇岛墨缘彩印有限公司
经　　销：全国新华书店

开　　本：787mm×1092mm 1/16　　印　　张：15.5　　字　　数：310 千字
版　　次：2021 年 7 月第 1 版　　印　　次：2021 年 7 月第 1 次印刷
书　　号：ISBN 978-7-5761-0147-8
定　　价：128.00 元

版权所有　侵权必究
如发生印刷、装订质量问题，读者可与出版社联系调换
联系电话：0335-8387718

序　言

《和乐斋友赏砚》得以付梓，是一件很有意义的事情。

砚，即砚台，是深得中国历代文人学士钟情喜爱的文房用具，与笔、墨、纸合称为“文房四宝”。在古人看来，砚台除了实用价值与欣赏价值外，更蕴含着深厚的中华人文精神与天人合一的玄机。今天，砚台的实用价值已随着时代的发展渐趋势微，但其臻妙繁缛的艺术价值及其传承的中华文化的人格理想却不断焕发出诱人的光彩。

中国砚台的特有材质，巧思构图、精妙雕塑，融汇历史、文学、绘画、书法、金石、雕刻等内容，以自然与工艺的完美结合及凝聚在其身上的丰富内涵而充满魅力，现已突破了单纯文具的格局，成为爱好历史和艺术的人们追逐珍藏、欣赏感悟的对象。千百年来，有关砚台的文字赞美、图像展示已成洋洋大观。今天，《和乐斋友赏砚》能跻身其中，具有特别的意义和作用。

“和乐斋”是秦皇岛市几位喜爱中华文化遗产的同好经常聚集交流收藏心得的场所，这里汇集有知名的书画家，资深的文玩藏家，有“文革”前入学的文、理、工科大学生，他们几十年收集的很多藏品，在不同领域都有展示借鉴意义。

《和乐斋友赏砚》一书的作者瑞夫先生毕业于北京大学化学系，以其专业素养和二十余年的实践经验，对砚台的产生、发展以及各地砚种进行了认真的考察研究，把藏友的藏品逐个进行考证，选精存真，宁缺毋滥，为同好朋友留下一份可资学习和借鉴的可信资料。

翻阅《和乐斋友赏砚》，不但对砚台文化会有与时俱进的认识，也会对秦皇岛的民间收藏实力有深切的了解，倘如此，也就不违大家努力的初心了。

汲泉叟

二〇一九年七月

目　录

绪　论

在中华民族漫长发展过程中，随着绘画和文字的出现，我们的祖先创造性地发明了可使矿物颜料与水方便地融合在一起，成为有利于绘画和书写的液态颜料的工具——古研磨器和砚台。所以，中华民族对砚台有特殊的情感。中国文人视砚台为石友，是须臾不可离开的文房用具。

那么，我们如何给砚台以确定的定义呢？

汉代刘熙在《释名》中是这样定义的："砚者研也，可研墨使和濡也。"这就告诉我们：研和砚是不同音而同义的两个字。研和砚是可以在水中把天然颜料和人造墨丸或墨条研细，使与水调合成液体颜料的物品。

砚在我国有悠久的历史。大体上可说，随着我国先民绘画和文字的出现，作为书写工具的研和砚就出现了。

研是指有臼槽或平板的研体，在研棒的配合下，把固体颜料磨细，使与水混合成液体，以便于绘画和书写的操作工具。

最早出现的研，一般认为是 1972 年至 1979 年，发掘陕西临潼姜寨遗址时，出土的石研板和研磨棒。姜寨遗址是中国黄河中游新石器时代的遗址，距今有 6400 ～ 6600 年。遗址出土陶器 3000 余件，最珍贵的是半坡时期具有彩陶花纹和刻画符号的陶器。同时出土的研和研棒是生产彩陶的工具。一起发现的黑色矿物颜料与彩陶的花纹用料一致。这是我国先民新石器时期绘画开始使用砚的物证。

公元前 14 世纪，殷商甲骨文上已有墨书文字。经用现代科学方法分析化验，这些墨迹为黑色碳素。这说明，至少在商代，先民已开始使用墨色颜料，且颜料一定是经研细后用水调和过的。

1975 年，湖北云梦睡虎地秦墓及江陵凤凰山西汉墓出土发现，当时的墨块为小圆块状。如同陕西临潼姜寨遗址新石器先民一样，秦汉时期，人们只能把小墨块撒在研板上，靠研棒碾碎，调成墨汁使用。

什么时候开始我国先人把小墨块改进为可手持的墨条，而甩开磨棒的呢？

东汉应劭《汉官仪》这本书为我们找到了墨条出现的年代。据该书记载："尚书令、仆、丞、郎，月赐榆麋大墨一枚，榆麋小墨一枚。"榆麋为古地名，大致在今陕西省千阳县一带，靠近终南山，其山产松甚多，用来烧成制墨的烟料，极为有名。应劭生活在东汉末年。那就是说，至少在汉时，墨条已经出现。砚台也应同时问世，人们磨墨汁，不再必须依赖研棒。

这也可以作如下判断，从姜寨遗址的年代到出现墨条的东汉（包括西汉的一定时期），我国先民用研磨器制墨汁足足有 3000 ～ 4000 年的漫长时期，而使用现代意义上的砚台，也不少于 2000 年。我们引以为自豪的砚台，是中华民族用 5000 ～ 6000 年，甚至更长的时间创造、发展演变而来的。这仅仅是利用现在的考古实据和史料文字记载而得出的结论。随着时间的推移，如果出现新的考古实据，我国的砚台发展史可能也会有新的结论。

以上是石质的研到现代意义的砚的演变过程。可以想象，我们的先人在进化过程中，从创制彩陶开始时，没有研，没有研棒，只有偶尔发现的天然颜料，先人们完全可能随手拾取一块较平坦的石片，并用天然小石块，把带颜色的天然矿物颜料加水研磨成一定浓度的液体颜料，在陶坯上画出图画或划出原始的记忆符号（原始数字或原始文字）。这时候研板和研棒，其实均非人工制造的。先人们只是用时把石片取来，用完即丢弃。从这个意义上讲，石质的研或砚，应为我国先人最早使用并一直使用到现在。而现代意义上的砚台，可以推定最晚在秦汉时期就已基本定型。

除石质材料的砚外，砚的用料很广泛，这充分展示了中华民族先民的聪明才智。20 世纪 70 年代，广州东郊发现的东汉壁画墓中，出土了汉代的陶砚一方。砚成圆形，下有三足，并有漏斗形高盖。这是目前我国考古发掘中发现最早的陶砚。乾隆时间出版的《西清砚谱》中所介绍的陶砚，多为用秦砖汉瓦雕刻而成的砚，与专门成坯后烧制的陶砚是有不同之处的。

澄泥砚从本质上讲，应划为陶砚的范畴，是陶砚的改良和发展。1955 年，西安东郊郭家滩工地唐墓出土一方澄泥砚，有铭为"武定七年（东魏年号，549 年）为庙造"。考古发现的唐宋时期的澄泥砚更多。这些出土的澄泥砚实物证明，我国澄泥砚出现在约 1500 年前。综合唐宋时期的砚论文章，可以发现，在唐宋时期，澄泥砚应为人们用砚的主要砚种。

至于澄泥砚的最早产地，古今砚论文章似有分歧。有的说应为河南省西部的黄河沿岸地区，当时匠人借助烧陶的经验发展而来；有的说山西的绛州汾河（黄河支流）沿岸最早出现；还有的说山东泗水柘沟的鲁柘砚为澄泥砚之先。在清乾隆钦定的《西清砚谱》中，录有澄泥砚50余方，铭文中涉及山西绛州的澄泥砚就有10余方。

流传下来的砚的材质，还有瓷砚、铁砚、铜砚、锡砚、玉砚、玛瑙砚、翡翠砚、水晶砚、木砚、竹砚、纸砚、漆砂砚等等。我国几千年来使用最多的砚，还是以石砚、陶砚、瓷砚这三种材质为多。

砚台因有墨条出现，而在秦汉时期基本定型之后，文人士大夫阶层在使用之余，开始了砚的把玩、收藏之风。砚论著作和颂扬砚的诗文也逐步增多。特别是自唐开始，高官、大儒，甚至帝王，都加入了论砚、咏砚行列。

在唐代，李贺、刘禹锡、陆龟蒙、皮日休、褚遂良等都对砚台有脍炙人口的诗篇。在宋代，苏、黄、米、蔡等大书法家，以及王安石、欧阳修、文天祥等都与砚台有不解之缘。至于元、明、清各朝，同样不乏爱砚、咏砚之人，真所谓“武人爱剑，文人爱砚”。

以“语不惊人死不休”而名的唐朝诗人杜甫，有如下诗句存世：“平公今诗伯，秀发吾所羡。奉使三峡中，长啸得石砚。巨璞禹凿馀，异状君独见。其滑乃波涛，其光或雷电。联坳各尽墨，多水递隐现。挥洒容数人，十手可对面。……”这首诗，把杜甫得砚后心情及对砚的评价跃然纸上。

“斗酒诗百篇”的豪放诗人李白，有《草书歌行》流传于世，“少年上人号怀素，草书天下称独步。墨池飞出北溟鱼，笔锋杀尽中山兔，八月九月天气凉，酒徒词客满高堂。笺麻素绢排数箱，宣州石砚墨色光。……”《草书歌行》是李白写给好友，号称草书第一人怀素的赞美诗。诗中“笔锋杀尽中山兔”说的是兔毫笔；“宣州石砚墨色光”说的是宣城砚。诗人李白的这首诗，堪称是纵论笔砚的绝笔。

曹雪芹的《红楼梦》不愧为中国封建社会的百科全书。在香菱学诗一章中，引出了陆放翁的一首诗：“美睡宜人胜按摩，江南十月气犹和。重帘不卷留香久，古砚微凹聚墨多。月上忽看梅影出，风高时送雁声过。一杯太淡君休笑，牛背吾方扣角歌。”好一句“重帘不卷留香久，古砚微凹聚墨多”，它成了描写“净手焚香，磨墨书写”这一文人书房日常工作的千古绝唱。

《千家诗》是明清时期学堂的启蒙读物，几乎是家喻户晓。其中，有南宋诗人叶采的《暮春即事》一首绝句：“双双瓦雀行书案，点点杨花入砚池。闲坐小窗读周易，不知春去几多时。”这首小诗动静结合，情景交融，让人朗朗上口。

清高宗乾隆皇帝，一生爱砚，他不仅喜爱端、歙砚，对产于祖国各地的地方名砚也多有涉猎。比如，在《西清砚谱》中，列入一方山东砣矶石砚，乾隆御笔写就七绝一首：“砣矶石刻五螭蟠，受墨何须夸马肝，设以诗中例小品，谓同岛瘦与郊寒。”其意是，砣矶石砚台的下墨已经很好了，为什么一说下墨就非要号称“马肝石”的端砚呢？

光辉灿烂的唐诗中，不乏大家的诗作。但如果把唐诗分类，贾岛与孟郊之作，也是上好的小品之作。贾岛和孟郊在唐朝诗人中的地位就犹如砣矶石砚在中国名砚中的地位。

众所周知，贾岛与孟郊以其语言简练，贴近生活，风格瘦硬和冷峻为特点，在唐代韵律诗中占有一席之地。乾隆把山东砣矶石在砚石中的地位，表达得恰到好处，并指出，何必把号称“马肝石”的端砚夸到天上去。在受墨的性能上，其实山东砣矶石也并不逊色。

经过长时间的使用、比较、选择，人们早就对砚石的优劣作出判断。砚石细腻，坚而柔，光滑滋润，对墨条切削锋利而不过粗；砚堂对水和墨汁不渗，加上砚盖后能长时间保湿；砚石细润，对毛笔的伤害极小，或称不损笔毫。以上三点被认为是砚的“三德”。人们对砚的评价注重的就是“下墨发墨、保湿、不损笔毫”这三原则。只有被人确定有以上“三德”的砚，才称得上是好砚。为此，在我国辽阔的国土范围内，称得上名砚的并不多。每省、每地区几乎都发现了用于制砚的石材，但大多数只能算地方砚，很难走出其地域，走向全国。自唐代开始，真正名扬全国的只有四大名砚，再扩大一些也不过十几种。

今天我们所说的四大名砚，即广东肇庆的端砚、安徽（江西）的歙砚、甘肃卓尼的洮河砚和澄泥砚。这个顺序一般认为是自宋代开始形成的。

唐朝对四大名砚的排序为：山东红丝砚、端砚、歙砚、洮河砚（也有说是澄泥砚的）。红丝石产于山东省青州境内，即今日的潍坊市青州黑山和潍坊临朐县老崖崮。这二处古时都曾归青州管辖。所以人们平常称之为山东青州红丝石。

至于为什么到宋代，四大名砚变成了端砚、歙砚、洮河砚、澄泥砚了呢？红丝石为什么会从四大名砚里消失了呢？

从历史上看，许多事物的出现，当时可能红极一时，后来由于世事的逐渐变化，以至衰败也是难免的。

红丝石砚材具有多项良砚必备的美德，石质坚实、细腻、发墨、不渗，的确为优良砚石。但由于当时开发的坑口储藏量有限，到宋朝时基本无石可开。当今社会上，其实也会出现这种情况。其产品问世，物美价廉，但厂家没有能力向市场源源不断地提供产品，人们就以其他产品替代。慢慢地，人们就把这种很实用的产品忘记了，即丢了市场。红丝石其实就是这种情况，当矿产枯竭，红丝石砚不能继续面市时，人们就以澄泥砚（或洮河砚）代替之。久而久之，红丝石砚就从四大名砚之首的位置上跌出四大名砚之外。

其实，这是与当时的社会生产力相关联的。唐时发现红丝石矿恐怕也是偶然，当开采枯竭时，人们再找到新的矿脉很困难。毕竟在唐朝，由于生产能力所限，没有科学的探矿手段。因此，红丝砚的生产未能持续下去。时间运转到20世纪后半叶，山东人民在历史记载的矿脉地区，借助现代探矿手段，很快又找到了新的矿脉，即现在的青州黑山矿和临朐矿为主的红丝石矿脉。从质量上看，它们不逊于唐时红丝砚台质量。为此，红丝石砚又焕发了青春。

自宋代开始的全国“四大名砚”的排序至今从来就没有改变过，即端、歙、洮河、澄泥。尽管这排序从出现开始，人们对于以端砚为首的排序就有不同的声音，但总体来看，宋以后的各朝各代还基本遵循这一排序。

第一章

四大名砚

一、端　砚

四大名砚之首的端砚，产于我国广东省肇庆市。

在隋朝时，把现在流经肇庆市的西江称为端水。在此地设州，把在端水流经之处设立的州称为端州，也算是实至名归了。端砚问世的唐朝武德年间，肇庆仍称端州。这里产出的砚也就被称为端砚。

宋徽宗赵佶在登基之前，被封为端王。徽宗继大统后，把端州视为自己的发迹之地，认为是州封号为其带来的吉庆，发端肇始。于是乎，宋徽宗在重和元年（1118年）亲书“肇庆府”三字，改端州为肇庆府。这就是今肇庆市的由来。尽管端州改为肇庆，但端砚的名称却一直使用至今。

打开我国南部地区的地图，号称我国第四大河的珠江豁然在目。珠江的主干流——流经肇庆产砚区的西江，其源头是自云南开始的南盘江。南盘江与来自贵州的北盘江汇合后一路冲破高山险阻，继续澎湃向前，当其流经广东省肇庆市时，已被称为西江。西江到肇庆羚羊峡时江面宽度从1000～2000米，突然收缩到300米。这时的西江，在两山对峙的羚羊峡处，江水奔腾，其奇其险被世人称颂。

肇庆东郊约15千米，西江南岸有斧柯山（也称烂柯山），从斧柯山中流出一条溪水，被称为端溪水。溪水长年不断，涓涓往西而去。在端溪水与羚羊峡口西江水汇合处，就是端砚老坑所在地。历史上诸多砚书所反复提到的端溪名砚，就产于此地。在端溪左岸的山坡上，有一小庙，当地人称为研坑庙。史载，宋英宗治平年间，朝廷派一魏姓太监到端州负责开采砚材。也怪这位太监时运不济，恰逢山石崩塌，其和众多石工被封闭坑中。为了其后开坑取石的平安及能采割品质优良的砚材，人们建成了这座研坑庙。在研坑庙前方，就是连绵千年的老坑。

从现存地貌来看，老坑砚石原来就是在山坡上的岩石上开坑取石，久而久之，砚工依矿脉走向掘进，成为现在的坑洞，老坑分上中下三层岩石。史载，从唐代（也有说宋代）已经开采下岩。晚唐时，老坑开采出的矿石就已列为贡品砚材，所以老坑又称为“皇岩”，即为皇家专用的砚材。

历代砚书对老坑开采时间确定是不同的。清代人陈龄认为，老坑自唐开始。他的《端石拟》中记：“水坑无论四时，皆渊渟不竭，先至者为正洞，从正洞右转为西洞，又从旁入为中洞，即唐时所开下岩，名唐子岩者。”陈龄实际认为，唐代不仅开采老坑砚石，且已经开采老坑的中洞下岩。

同为清人的梅山周氏的看法却不同。他在《砚坑志》中说：“惟水岩之石迥异诸洞，洞高不逾三四尺，阔如之，自宋开采至今，自高而卑，其深约二里许。”通常认为，端石砚中所说的水岩、下岩是相同的，是指老坑开采斜向下，水岩和下岩是被水浸泡的岩石。

清人钱朝鼎却另有说法。其著录的《水坑石记》中记载：“乃知向之论石者，未尽然也。取石之穴数处，以水岩为最。土人云，水岩开于成化中，此开之最后者也。宣德中所开者，曰宣德岩，其不亚于水岩，而胜于老坑，老坑则宋时所开也。所以唐砚必无端石，而宋砚必无水岩，以其岩之尚未开耳。”

古籍中观点打架之事经常有，并不奇怪。这就是考古之重要，倘唐墓或宋墓出土可确认为端老坑，水岩之砚，一切争论顿时可平息。

因为老坑矿脉是斜向下方的，所以矿洞走向随着开采时间推移，也逐渐向下移，逐渐伸向水中，即矿坑的开采面在西江和端溪水平面以下，进而到西江河床之下。这时开采出的砚材，又称为“水岩”。

老坑自唐代开始，经上千年的开采，已经成为一条斜向下的曲折山洞。从古至今，人们对老坑的描述很多。

清代著名文人朱彝尊在《说砚》中写道：“端州于今为肇庆府，山石多可制砚，惟水岩最上。水经郁溪（今称西江）东至高要县为大水，盖苍梧至是五百里，有羚羊峡以束之。峡势将尽，其左折而北趋，有峰曰朝天岩。端溪之水出其阴，溪长一里许，广不盈丈。自水口北行三十步，有穴。窥之，只容一人俯伏扪而入，积水灌其中。凡取石，必先以瓢汲水，自内而外，若传杯然。水既涸，熬豚膏燃纸为灯，由穴而入。中渐广分三途。穿洞半里，抵岩壁，岩高三尺，上下皆剐石，不可凿也。凿石之人，多黄冈村民，日役不过四十人，坐卧偃侧其内，得石自内传之外，一如汲水法。”这段对老坑的描述，让我们知道了开采老坑石是何等艰难。

清代梅山周氏《砚坑志》对老坑开采的描述更加出神入化：“惟水岩之石迥异诸洞。洞高不踰三四尺，阔如之。自宋开采以来，自高而卑，其深约二里许。洞中之水，屈曲渊渟，采石者必先集黄冈石工，自洞口鱼贯而入，列坐其间，置灯于洞之二旁，以甕汲水，次第传出。水渐落而工与灯亦渐加。若汲至底，必须工三百辈。昼夜更番。阅月乃竭，水竭后而采石。明设把总一员，更辖律令。盗石者比窃盗论，其厉禁如此。今虽无此禁，然民间不得擅采。即当轴风雅，亦往往以金钱之贵不赀而止。此非具大力者，必不能举，举必于冬，天寒江落之时。水岩之内分四洞，匍匐而入不得昂首直腰。至五六丈为正洞，又名大西洞。从正洞右转六七丈为小西洞，其门最小故也。从其傍入为中洞，又从正洞左转十余丈为东洞，东洞之北即飞鼠岩。此外乃峡山大江矣。每洞可容三四鎚或多六七鎚。余工仍传甕递水否则水渐聚，而鎚无所族矣。其石之可砚者仅一线，如金银矿之砂路，上下四傍皆黄色粗砺，如工人垒堤修路之物。而一线之物又必为有如膜如膘包之络之。去膜与膘，然后得石。”

宋代文学家苏东坡见端州采石慨然“十夫挽绠，万夫运斤，篝火下鎚，以出斯珍”的情景，被几百年后的梅山周氏所证实。这充分证明，由于生产力的制约和砚石开采所必须的要求，自宋朝到清代，端州砚石的开采方式几乎没有多少变化。

清朱彝尊说的“端州于今为肇庆府，山石多可制砚，惟水岩最上”诚可信也！

端砚自唐武德年间开始，至今近 1400 年，经各朝各代延绵不断，逐渐形成了 5 个主要矿区。

（一）端砚主矿区

定位于端溪水东部斧柯山西麓一带。主要有老坑、坑仔岩（岩仔坑）、麻子坑、冚罗蕉、朝天岩等，这里集中了端砚的精华，所谓“上三坑”（老坑、坑仔、麻子坑）砚石产地。这里是爱砚、藏砚之人的朝圣之地。每日与砚打交道，一生与砚为伍的人，不到端砚产地朝圣一次，将是终生抱憾之事。

（二）北岭山一带

西江以北这一带是宋坑砚石产地。宋坑不是指某一个坑口，而是羚羊峡口、江北地区几十平方公里内诸砚石坑口的总称。除“上三坑”外，宋坑砚石应为端砚最重要的砚种。

（三）斧柯山东麓，沙埔镇一带

这里被称为沙埔诸坑，也称为斧柯东。在“上三坑”封坑的今天，这里是支持端砚继续走向全国的主要砚石产地。

（四）小湘峡一带

这里是绿端的主要产地。

（五）羚羊峡口北岸

这里与老坑产地仅一江之隔，是现在端石的重要品种——白线岩的产地。

肇庆羚羊峡地所产端石，按现代地质分代方法，应为泥盆纪（得名英国泥盆郡地质构造），即古生代第四纪。该纪开始于距今4亿年前，结束于距今3亿5000万年前。这个时代初期，地球上各处海水退去，地球表面上积聚沉积物。后期海水又淹没陆地并形成含有大量有机质的沉积物。这个时期的岩石多为砂岩、页岩等。中国计量出版社出版《商品质量鉴别与选购指南》中《金银、珠宝、古玩、票证》篇，对端石是这样论述的："它是一种绢云母泥质板岩，多呈青灰、深灰、紫、紫蓝色等。其矿物颗粒细小，分布均匀，从而使砚器细嫩柔和、温润如玉、磨之无声、发墨不滞、经久不干。"

我们可以这样认为，产于广东肇庆的端石，是宇宙造物、地质变迁成就了的岩石。尤其是老坑石，是地球变迁时，在特殊情况下造成的独特的地质构造。加上我国南方多雨多水气候，使大川大河有充裕水量，小河小溪也经常终年水流不断。水的百态温柔，无孔不入的浸润及大川大河的气蕴，养育了物质构造特殊的端石，使端石软硬适度，刚柔相济，恰与人工墨条的硬度相配伍。磨墨时，砚与墨之间相吸相磨，砚锋切割墨条，墨条磨砺砚体，墨砚共同消耗，制成独特的乳浊浓液颜料。这种颜料使中华的文人书法绘画，经几千年的各色人物的演绎，而至臻至善，成为世界文字绘画史上让其他民族侧目的一绝。

老坑出的砚材多呈青灰色，并略带紫蓝色调。唐柳子厚谓："端溪石至妙益墨，青紫色者可值千金。"清乾隆时期，曾任肇庆知府的袁树在《端溪砚谱记》中说："肇庆古端州也，端溪在德庆州界，溪近端山故名。大江之水发源夜郎，经牂牁郁林苍梧漓江会端溪之水，而下至肇城，统名端江。经羚羊峡以入海。峡之迤东右侧第二山，砚坑在焉，距德二百余里，距郡城四十里而仍以端名。"这就告诉我们从唐代柳公权论砚始，端石尚紫。时至今日，人们仍然认为端石砚的石色以青紫为佳。

在《端溪砚谱记》中，袁树又说："再入为梅花桩，桩左侧为老东洞、大东洞、石色黄、眼作牙色。右侧为老西洞、大西洞、小西洞，石色白，质细嫩，罕有眼。间有眼者，作碧色。由二洞深入为老中洞，多天青色，无蕉白，眼亦青。三洞之石，为西洞为最，而大西洞尤佳。西洞之石，每一石恒分四层，第一层为天花板，色紫赤，多斑钉。第四层名底板，石色青黑，多斑剥。"

在袁树笔下，老坑之石，不仅有值千金的青紫色，还有"石色黄""石色白""天青色""色紫赤""石色青黑"等多种颜色的石材。所以，尽管古往今来，端砚尚紫，但也不可绝对地认为只有紫色的端砚才是好砚。事实上，就老坑端砚而言，其砚石颜色是多种多样的。我们在玩砚、赏砚时，也切记不可以只凭颜色而判坑口。颜色只是判断砚石坑口的一个因素，切不可以偏概全。

砚为使用物品，其使用功能的优劣，只有从实践运用中才能确定。古代文人每日与砚为伍，从研磨书写的过程中自会分出各种砚石质量的优劣。古代文人在使用砚过程中得出的结论，一般不会错的。

反清义士陈恭尹在其所著《端溪砚考》的跋中指出："砚之用，发墨不损毫，二者尽之矣，不损毫常砚皆能之，惟发墨之妙，非亲试水岩不知也！他砚粗且锉墨，细则拒墨，水岩则不然。玉肌腻理，拊不留手，著水研墨，则油油然，若与墨相恋不捨，墨愈坚者，其恋石也弥甚。以他研并之，水之分数同，墨同，手同，而为研之数，水岩常少于他研十之三四。每春夏间积雨时，墨竟日用之，则棱角较腐反张，惟水岩可免此病。骤以他研易之，顷刻不胜其苦矣。研槽之水隆冬极寒，他研常冰，而水岩独否。具此数妙，虽使椎朴无文，犹将拂拭用之。况其体质之美，千奇百变，不可殚穷，岂南离文明之德，独萃于端溪耶？"

陈恭尹以其用砚心得，向我们诉说了端溪水岩在下墨、发墨、不损毫方面明显优于其他砚石。这是砚石老坑千百年来被中国文人视为端砚之冠，且端砚一千多年来被称为"四大名砚"之首的根本所在。

清人钱以垲在《岭海见闻》中论著水岩时，有如下文字："三洞之中，中洞与东洞石色，红而带黄，一片鸿濛，精华内蓄，其气深，其神穆。西洞石色，如羊肝，常若在水，光彩焕发，生气上腾。总之，端溪之石，得水岩而诸岩可废；得青花而诸石可废；得鸲鹆眼而象眼、鸦眼俱可不论也！"没有比这个论述更直截了当地把水岩（老坑）石称为端石第一，把具有青花的石品花纹，又称为端石石品花纹的第一。

千百年来，人们对老坑的认识不断加深。自老坑开采出的砚石，不同年代有不同的石品花纹和不同的颜色。

总的来说，老坑砚石的石品花纹有如下的体现：金线、银线、青花、火捺、胭脂晕、天青、天青冻、冰纹、冰纹冻、鱼脑冻、浮云冻、碎冻、蕉叶白，以及各色石眼、翡翠斑、翡翠带等。另外还有一些特殊石品，如黄龙纹、马尾纹、虫蛀、黄膘、朱砂斑等。

这些石品花纹，多数并不是老坑石所独有，产自肇庆的其他坑口也常常具有以上石品。但要让所有坑口的砚石都具有以上的石品也是不现实的。每一个坑口可能只具有几种石品花纹，而另一个坑口又具备另外的石品花纹。正是这样，端砚的爱好者和收藏者，往往利用砚石所具有的石品花纹的特点，来判断砚石来自哪一个坑口。

以端石青花为例。同样是青花石品，不同坑口形态不同，同一坑口开采年代不同，青花的形态也不尽相同。所以，千百年来，人们对端石石品花纹的论述几乎出神入化。

清代文人，曾作《端溪砚史》的吴兰修，对端石老坑的石品有如下论述：

"青花欲细不欲粗，欲活不欲枯，欲沉不欲露，欲晕不欲结，欲浑不欲破，如缁麈翳于明镜，如墨潘著于湿纸，斯绝品矣。

“青花以微尘为上，鹅毛次之，蚁脚又次之，次则鹅毛结，次则玫瑰紫，次者蝇头。以大小相杂为佳，成片成行，枯而燥者皆不足重。

“青花者石之荣，鱼脑蕉白者石之髓，天青者石之肉，荣无质必付他质而著之。付于天青者上品，付于鱼脑蕉白者无上上品，惟大西洞有之。

“大西洞以鱼脑带青花者为极品，次则蕉白带青花，次者天青带青花，次则鱼脑蕉白天青无青花者。若冰纹带青花，乃千百中之一二，谓之绝品也。”

清人吴兰修对端石青花石品的描述可谓出神入化、细致入微。我们可以想象得到，吴兰修对端石的观察、研究、使用、体会也一定达到痴迷的程度。

中国古代文人和砚的收藏家历来有“玩端用歙”之说。端砚因颜色亮丽、石品花纹变化多端，人们在赏玩中得到赏心悦目的感受。端砚，尤其是老坑上品，的确有下墨快、发墨如油的特色。但很多人却觉得，要说下墨快如风，还是歙砚四大老坑的砚台有优势。当人们反复比较端、歙的下墨情况后，对于以书写为主要目的的用砚，用歙砚还是更爽快些。当然，这个问题是中国文人上千年来争论不休的问题，常常是仁者见仁、智者见智，因人而异。

在上千年端石开采制砚过程中，除了端石老坑外，尚有许多砚石在质量上虽不及老坑，但也不失优良品质，或曰拥有各自特点。而使端石的家族中，各坑口石质各有千秋。正因为各有独到之处，虽逾千年，有些品种经久不衰，更有与老坑品质不相上下的砚种，也是人们争相收藏的上品。

坑仔岩

《增订端溪砚坑志》的作者清人朱玉振指出：“盖屏风岩俗名坑仔岩。西洞所有青花，鱼脑冻，及火捺、鸲鹆眼等名目，无一不备，唯气质薄，精彩不足，扣之有声，久用而滑。缘石气未化，是以有声；精气未足，是以久用而滑。”

坑仔岩，又称岩仔坑。它位于老坑水岩坑以南的山腰上。有记载，坑仔岩自北宋治平年间开始采石制砚，从不曾停采。即使出现塌坑事故后，也很快恢复，连绵至今。

坑仔石石色紫中带赤，石质坚实细腻，滋润而幼嫩。鱼脑冻、青花、火捺、蕉叶白、天青等石品交替出现。尤其是，坑仔岩的蕉叶白，嫩而有神，周围火捺环绕，若彩霞中一片白云飘飘。如果这一画面出现在天青地子上，爱砚者任谁见到，都会无限神往。

坑仔岩砚石中，常有美丽石眼出现，且石眼分布量大，偶有在不太大的一石中，出现几十个眼，甚至上百个眼。坑仔岩中的石眼，眼晕清晰，眼瞳明显。

正因为坑仔岩有如上的特点，使其石质上乘，石品漂亮，收藏者把其与老坑、麻子坑并称为“上三坑”，是砚台收藏家和玩家追逐的品种。

麻子坑

自老坑出口往南行，在高山腰位置，距老坑约2500米，距西江水位高出约500米处，有称之为麻子坑的砚坑。砚坑有两个，上下相距只有5～6米。上坑称之为旱麻坑，因洞中无水而得名；下坑为水麻坑，因洞中水滴叮咚或水滴如瀑布而得名。故此，水麻坑虽位于西江水位500米之上的半山腰，但当地人仍把它的矿石以水坑石对待。当地石工认为，因为洞中有水滋润矿石，其许多特性接近老坑。

水麻坑砚石，石质细润，发墨极佳。真正的水麻坑砚石，常常是天青色与紫红色相互映衬，沉静而漂亮。

旱麻坑因与水麻坑同处一山，且相距很近，也有很好的砚材，其细腻程度与水麻坑不相上下，只是因为没有水常年浸润，略显干燥。

麻子坑的开采比老坑和坑仔岩要晚得多，约开始于清朝乾隆年间。相传首先开采麻子坑的陈姓石工，因为脸上有麻点，而开采出的砚石磨出平面后，也往往显现如麻子样的点点，人们就把这个坑口称为麻子坑。

麻子坑石颜色往往青紫带蓝，其石品花纹与老坑有许多共同之处，如鱼脑冻、青花、火捺、蕉叶白、天青、金银线等均可出现。麻子坑的石眼更具特色，颜色有漂亮的碧绿色，有瞳子，且丰富多彩。

麻子坑石也有缺点，主要是开采的石材往往有天然的裂纹，也有称之为虫蛀斑的孔洞。所以正如当地砚工说的，麻子坑往往无大材，且砚面显得有些杂乱。但无论如何，麻子坑是砚石爱好者追逐的对象，产石是端砚中可以称之为珍贵的砚种。

古塔岩

清代《砚坑志》记载：“水岩之上为屏风背（坑仔岩）为朝天岩，为新坑，为古塔岩，即半边山岩也（半边山——半山也）。”《砚坑志》给我们的定位是，水岩往上的半山腰上，有坑仔岩、朝天岩、新坑和古塔岩。故古塔岩在屏风背附近，坑仔岩之南。从实践上看，古塔岩砚材幼嫩滋润，做成砚台后，砚面上几乎不见火捺纹，也少有蕉叶白和各种冻出现。总的感觉是，古塔岩的石品花纹较单调。但古塔岩中却有石眼出现，且石眼很亮丽，眼有瞳，外围亦有晕。古塔岩的颜色紫中泛红，让人感觉既凝重沉稳，又娇艳温润。

当地砚工都认为，古塔岩产大材、巨料，很少石病和缺陷。故古塔岩适合做雕花砚材，在设计和雕刻过程中，不必苦费心机，躲开砚材的缺损残破之处。

宣德岩

清朝梅山周氏《砚坑志》载："砚山在端州羚羊峡东口南岸，离峡岸南上数武（武，古称半步也），曰文殊坑，又南为砂皮洞，即砚谱所称虎坑也。虎坑之南为飞鼠岩，又上为宣德岩。岩口刻有宣宗遣官监督姓名及开坑、封坑月日。"这就告诉我们，宣德岩坑口也在水岩以上的半山腰。因该坑从明代宣德（1426—1435 年）年间开坑采石，故称为宣德岩。

宣德岩材质较为坚实、细嫩。从颜色上看，整体为深紫色中，少有灰蓝之色。做砚台后，下发墨性能虽不能比之"上三坑"，却往往在端砚其他品种之上。故自明至今，赏砚者对宣德岩情有独钟，将其视为继"上三坑"之后的较好之品。但问题是，宣德岩一脉，脉矿发育不好，砚工开采时，常遇断脉现象。所以宣德岩在市场上往往是断断续续出现，且上乘佳石难得现身。在"上三坑"已经封坑的今天，难能可贵的是宣德岩却能继续开采。在诸多坑口不断湮灭的年月，从明代开始的宣德岩，却能不紧不慢地出现在人们的视野中，历久弥新。

朝天岩

清朝海盐人陈龄在其编著的《端石拟》中说："在郡东五十里，居水岩之南，为水岩之主顶，高要峡东南最高处也。端溪之水出其右，与水岩一气相通，故产石似水岩之上层，较他山之石为最贵。但色紫而干，亦有白中带紫者，质皆坚实不能滑腻，久则拒墨。间有细润者，极类水岩，不易鉴别，恨色带微黄无青花，隐隐浮于骨中耳，亦有虫蛀、黄膘、金线、黄龙、朱砂、翡翠、蕉白、火捺等纹，亦有眼，但虫蛀则大，黄膘则枯，金线则黄，黄龙则燥，朱砂则形大而不鲜，翡翠则色黄而污杂，火捺纹则成结，结而不运，蕉白则色晦而气黄，得纯净而大片者，亦可贵；眼多泪翳，最多而明炯者亦可贵。近充老坑售于外方，皆是此种。"这就告诉我们，朝天岩坑口与老坑同处一个山脉。水坑在下，而朝天岩在上。从地质角度看，其成矿的条件应相差无几，地质结构也应差别不大，才有"与水岩一气相通，故产石似水岩之上层，较他山之石为最贵"。

史载，朝天岩最早开采于清代康熙年间。

实地情况是，朝天岩坑口巨大朝天，故名朝天岩。除陈龄所述朝天岩矿石特点之外，朝天岩还有一个显著特点，那就是朝天岩砚石磨出精细面后，往往有类似青花的大面积积结，而又非青花，端砚爱好者称其为玳瑁纹。这应该是朝天岩的独特石品，也可以作为鉴别朝天岩砚石的重要依据。

绿端石

一提起端砚，人们首先想到的是大西洞、水岩、老坑。但是端砚的家族中，还有一种绿色的石材，做成砚台后，人们把其称为绿色的端砚，即绿端。

绿端的开采在北宋时期就已经开始，根据《高要县志》记载："绿端石出北岭及小湘峡、鼎湖山，皆旱坑。"

曾任幼年乾隆老师的景日昣，在广东任高要知县时，对端石有亲自考察的经历。在他的砚著中记载："大小湘岩，今高要孙禄步司辖，在郡西二十里，与坑东西相隔五十余里。坑产绿黄石二种，可为器用，工人亦制砚砖，名曰绿端。"

好的绿端石质细坚润，以手抚之有幼嫩之感。被称之为绿端的石料，经打磨后，显现的颜色其实是多色的，主要为绿、黄两色，也有黄绿相间者。质佳上乘者可为翠绿色，通体晶莹无瑕，使人爱不释手。依据景日昣所记载，绿端在北岭山一带开采应是事实。后来因开采过度，或矿脉走向变化、断脉等原因，北岭及小湘一带开采逐渐减少而至终止。绿端的大量开采移至朝天岩附近，再往后，绿端石与朝天岩开采混到一起，即上层开采为绿端石，下层为朝天岩。

清朝文人纪晓岚的《阅微草堂砚谱》中有一方绿砚台，其铭文是这样的："端溪绿石，砚谱不以为上品，此自宋代之论耳。若此砚者，岂新坑紫石所及耶。"在这方砚的侧面，纪晓岚还刻下如下文字："端石之友，同宗异族；命曰绿琼，用媲紫玉。"这个大学士，《四库全书》的总编纂官，对绿端的评价还是很高的。生前曾官拜礼部尚书、协办大学士的爱砚者纪晓岚，估计不曾会想到，因为他的论砚，在他死后约 170 年后的公元 1970 年，在北京出现了一宗涉及他把玩过的绿端的要案。

1970 年，正值中华大地的"文革"时期，时任"文革"顾问之衔的康生大权在握，在一方刻有"端溪绿石上品，晓岚"铭文的一字池绿端砚的砚堂上写就如下铭文："纪晓岚自名为识砚者，还刊行《归云楼砚谱》，其实他对砚，连基本常识也没有。他把洮河石当作绿端，把青州红丝石叫作红端。他不知端石为何物，更不必说识别占砚了。康生，一九七〇年二月。"

在这里，康生俨然摆出副识砚专家的架势，向一百多年前的论砚者宣战。但遗憾的是，这方砚经现代制砚、赏砚专家识别，确如纪晓岚所认定的一样，为绿端石制成，而非康生所说的洮河砚。康生在这方砚的题铭中，所提到的《归云楼砚谱》，也并非纪晓岚所刊行的砚谱，而是曾为民国时期总统的徐世昌所刊行。纪晓岚所刊行的应为《阅微草堂砚谱》。

1991 年，首都博物馆展出了经康生题铭的这方绿端砚。经国内一些专家鉴赏，这方绿端砚，只是徒具纪晓岚之铭文，其实为后人的仿制品。此方砚国内另有其他说法。这里就不再累述，我们等待历史的结论吧！康生以专家的面目亮相，把一方后人仿制的纪晓岚铭文绿端砚看成古洮河石，让世人贻笑大方了。

其实，纪晓岚说的“端溪绿石，砚谱不以为上品，此自宋之论耳”的说法，也未必正确。宋人崇尚绿端者也有其人。曾留下许多诗文的宋代著名政治家王安石有诗为证。王安石在《元珍以诗送绿石所谓玉堂新样者》中，是这样说绿端石砚的：“玉堂新样世争传，况以蛮溪绿石镌；嗟我长来无异物，愧君持赠有佳篇；久埋瘴雾看犹湿，一取春波洗更新；还与故人袍色似，论心于此亦同坚。”

从诗可以看出，宋人王安石对产于蛮溪的绿端石砚还是很推崇的。而不是如清人纪晓岚认为的那样，宋人不以绿端石为上品。还是那句话，文人对砚石的喜爱，往往会融入自身的感受，不可一概而论。当然，就一般社会评价，“上三坑”当之无愧地应为上品。

梅花坑

羚羊峡东，高要市沙浦典水村，自宋代开始开采一种石材，因石材上梅花点密布，时称典水梅花坑。

清代梅山周氏《砚坑志》：“梅花坑在峡东口，从典水村而入，石亦多眼，眼大无神，质青而粗。”

朱彝尊也说：“典水梅花坑，去端溪四十里，在三水县境。产石亦有鸲鹆眼，方之水岩无甚异也。然径尺之内，石眼多至百数。”

史书可证明典水梅花坑在宋时确有开采。但现在的梅花坑砚石，多在肇庆市北郊北岭山的九龙坑一带开采。有业内人士指出，北郊北岭山一带开采的梅花坑，与宋代开采的梅花坑属于同一山脉，因此在地质构造、岩石物质组成上几乎相同。现在开采出的石材颜色淡淡的，青色中透着苍灰，又带有微微的土黄色。石材中石眼密布，眼的外缘层次不清，眼呈黄色，大而无睛。这样的眼与老坑、坑仔岩的眼比较，神态立见高下。

但因眼多密布，做雕花砚时，设计得当，却也有出人意料的效果。加上梅花坑砚尽管略显粗粝，带来的明显好处是下墨也快。所以梅花坑也不失其相应的观赏和使用价值，这也是它自宋以来上千年开采连绵不断的根本原因。

宋坑砚

打开肇庆市地图，我们可以看到，在肇庆市北郊七星岩度假区以北的北岭山一带方圆几十平方公里的区域内，分布着数量很大的砚石坑口，出产着质量不同的砚石。由于这一带从宋代开始就开采砚石，所以习惯上把这一带区域出产的砚石，统一叫宋坑石。故此，宋坑不是指某一特定的坑口，而是北岭山一带砚坑的总称。

自宋代以来，北岭山一带的宋坑，曾出现许多质量上乘的砚石坑，如将军砚、陈坑、伍坑、盘古坑、蕉园坑等。宋坑中的将军坑，砚材早已枯竭，盘古坑也少有砚石开出。今天尚可开采的主要是伍坑、陈坑和蕉园坑。

上乘的宋坑砚材，石质细腻，结构致密。打磨好的砚面，润滑坚实，易于发墨。明清以来，人们常说的宋坑一片红，即是宋坑砚的珍品。上乘宋坑砚石的石色，凝重而浑厚。人们常用猪肝或马肝来形容宋坑砚的颜色，有时干脆称宋坑石为“紫端”。

在以端石生产的各种砚中，经千百年的使用，人们的结论是，宋坑砚以下墨快而著称。这应该是与宋坑砚石中含有闪闪发光的“金星”点有关。这些金星点，被业内称为“芒点”，其结构应为水云母，是切削墨条的主要物质。

宋坑砚材，较之“上三坑”，其矿物结构还是粗糙的，发墨也不如“上三坑”细腻、油润。但如果使用功能是书写，尤其是书写大字，使用宋坑砚应为首选。我们在博物馆浏览古砚时，常见到的紫色淌池大砚、大墨海，往往就会是宋坑大砚。

在端砚的石品花纹中，火捺是主要石品之一。正如梅山周氏在《砚坑志》中所说：“火捺如朝霞蔚起，鸿鸿濛濛为上品；如玫瑰红，如马尾临风飘扬故定为马尾火捺；或如五铢钱四轮有铓，色淡而晕为金钱火捺俱可贵。或如火烧漆器，或坚黑如铁，名铁捺者，俱碍墨不取。”在宋坑砚石中，马尾火捺和铁捺具有代表性，而金钱火捺，却往往在宋坑砚的上品中出现。

总的来说，宋坑在历史上就是上品砚之一。在为数众多的名坑封坑停采和开采质量减少的今天，买到一方好的宋坑砚，作为日常书写的工具，将是一件爽事。

综上所述，我们可以初步认识到，端砚之所以作为“四大名砚”之首，是有其可靠的优良石质作保障的，是人们在千百年的实践中认识到的，绝不是浪得虚名。但是我们也应该注意到，肇庆地区生产砚石的地域分布广大，砚坑星罗棋布，并不是肇庆地区产出的所有端石都是优质砚材。只有经人们的千百年来实践所认定的真正好砚材，才能值得珍惜使用和收藏，并可成为千古流传的好砚。所以，我们在收藏端砚的时候，切记不可认为凡端石均为好砚石。而是要学点基本知识，从优而选。

特别提倡的是，对于砚的爱好者和收藏者，应拿起中国传统的毛笔，以砚磨墨，认真学习中国书法。久而久之，当你熟悉砚墨之间相磨的感觉时，砚的优劣在你手下顷刻可分上下。

二、歙 砚

在“四大名砚”中，歙砚仅次于端砚，名列第二。在中国的砚台发展史上，歙砚有着辉煌的历史地位。

因歙砚生产开始于唐代开元年间，又产于当时的歙州，所以名正言顺地名之为歙砚。

歙州历史悠久，源远流长。

经考古发现证明，早在6000多年前的新石器时期，歙州就有人类祖先活动。到了唐代，歙州辖区包括歙县、休宁、祁门、黟县、绩溪和婺源六县。歙州处于安徽省的东南部和江西省的东北角。自唐朝以来，在这个区域生产的砚统称为歙砚。歙砚的品种众多，主要有龙尾石砚、歙县溪头坑、龙潭石、济源鱼子石、庙前青、庙前红、歙红、歙青、紫云石砚等。在众多的品类中，婺源县龙尾山的龙尾石砚为歙砚之冠。

龙尾山在现江西省婺源县。婺源位于江西省东北部，与安徽省和浙江省交界。原安徽省古徽州六县之一。

解放战争时期，二野横扫江西国民党势力，也把属于安徽省的徽州地区（历史上的徽州地区）的婺源县也一并解放。为方便军政管理，二野把江西省上饶地区和属于安徽省的婺源县一同管理。新中国成立后，把这一行政区划延续下来。所以，原属于安徽省古徽州的婺源县就归属了江西省上饶地区。

婺源县位于江西省东北，东邻浙江省衢州，西接景德镇，北靠旅游胜地黄山，被誉为中国最美丽的乡村。我们称为歙砚中的龙尾山产的龙尾石砚，其实现在产在江西省婺源县龙尾山。称其为歙砚只是延续了传统的称呼。

关于婺源龙尾石砚的出现，在当地有一个美丽的传说。

据宋朝人唐积《歙州砚谱》记载："在唐开元中，猎人叶氏逐兽至长城里，见叠石如城垒状，莹洁可爱，因携以归，刊粗成砚，温润大过端溪。后数世，叶氏诸孙持以与令。令爱之，访得匠手琢为研，由是山下始传。至南唐，元宗精意翰墨，歙守又献砚并琢砚工李少徽，国主嘉之，擢为砚官。令石工周全师之，尔后匠者增益颇多。今全最高年，能道昔时事，并召少微、孙明。访伪诰不获，传多如此。今山下叶氏繁息数百户，乃猎者之孙。"

唐积的这一述说，可信度到底如何？历来有不同理解。唐积文中"至南唐，元宗精益翰墨，歙守又献研并琢工李少微，国主嘉之，擢为研官"之语，似可与宋欧阳修《南唐砚》记载相印证。

欧阳修在《南唐砚》中说："南唐有国时，于歙州置砚务，选工之善者，命以九品之服，月有俸廪之给，号砚务官，岁为官造砚有数。"后来的人们认定，唐开元年间为歙砚的诞生时间。

明人陆深《春风堂随笔》载："唐开元间，猎人叶氏，得石于长城里，琢为砚，遂闻天下。"这已经不再应以传说对待，似乎应为历史的记载了。

现代地质学研究表明，江西婺源县龙尾山地区，砚石的地质年代距今大约 10 亿年，是一种极其稀缺的水成岩中的粘板岩。矿石是含粉砂的板岩及粉砂质板岩。这种岩石经变质后，保留了原水成岩的成分，又经过高温高压重新组合，从而使矿石中云母和石英等分布密集，结构紧凑，密度增加。砚石成砚后，观之晶莹玉润；以手抚之光滑细腻，犹似婴儿面，美人肤；扣之金玉之声，铮铮悦耳；用之研墨，磨无声，细如油；堂中之墨，久贮不涸，历寒而不冰。

历代文人对龙尾石有许多赞美。

曾留下《东谷所见》著作的宋人李之彦，在其所著《砚谱》中记载："李后主留意笔扎，所用澄心堂纸，李廷珪墨，龙尾石砚三者，为天下之冠。"

世称李后主者，即为南唐最后一个国君，精书法，工绘画，通音律，在诗词上有较高造诣，就是不会做皇帝的李煜。李后主的老子，唐中主李璟喜爱产于江西省婺源的歙砚，并在中国历史上首开砚务官的设职。可能是受皇帝老子的影响，及对诗词绘画的喜爱胜于对治国和权欲的喜爱，造成李煜对歙砚的喜欢更是无以复加，把歙砚誉为天下第一。曾有书载，李煜曾书写过"歙砚甲天下"的名句。

唐代文学家、晚唐著名诗人李山甫在其著作《古石砚》中说："追逐它山石，方圆一勺深，抱真唯守墨，求用每虚心。波浪因纹起，尘埃为废侵。凭君更研究，何啻值千金。"在这里，李山甫使用歙砚中的波浪纹（可能为水舷坑的水波纹）砚时得心应手的心情，溢于言表。

宋朝著名诗人、文学家苏轼为后人留下了几千首诗歌。其中的《龙尾砚歌》读来回味无穷："黄琮白琥天不惜，顾恐贪夫死怀璧。君看龙尾岂石材，玉德金声寓于石。与天做石来几时，与人做砚初不辞。诗成鲍谢石何与，笔落钟王砚不知。"

还是这位老先生，在《孔毅甫龙尾石砚铭》中写道："涩不留笔，滑不拒墨，瓜肤而縠理，金声而玉德，厚而坚，足以阅人于古今；朴而重，不能随人以南北。"自苏轼之后，人们往往以"玉德金声""瓜肤縠理"来比喻歙砚质量过硬。

宋代翰林欧阳修更是对歙砚有不解之情。他得到一方歙砚后，有如下心得："徽州砚石润无声，巧施雕琢鬼神惊。老夫喜得金星砚，云山万里不虚行。"

歙砚自唐至今，坑口无数，优劣各异。较为著名的当属龙尾山罗纹坑、眉子坑、水舷坑和金星坑。即所谓歙砚的"四老坑"。

自婺源县城向东北方向行程大约 50 千米，到溪头乡界就是龙尾山了。据《婺源县志》载："龙尾山高二百仞，周三十里，山石莹洁，有罗纹为砚。"在溪头乡武溪河东侧和芙蓉溪西侧，相距不远的区域内，有数十砚坑。著名的龙尾山"四大老坑"就在这个区域内。

北宋文学家、书法家，时任秘书丞、国史编修官的黄庭坚，受命到婺源提取贡砚时，目睹龙尾山自然风光有感而发，写出了著名的《砚山行》："新安出城二百里，走峰奔峦如斗蚁。陆不通车水不舟，步步穿云到龙尾。龙尾群山耸半空，人居剑戟旌旗里。树接藤腾雨畔痕，兽卧崖壁撑天宇。森森冷风逼人寒，俗传六月常如此。期间石有产罗纹，眉子金星相间起。……"

"高二百仞，周三十里"的龙尾山，当年在黄庭坚笔下就是一片莽莽林区，山峰高耸，云雾缭绕，野兽出没，山路崎岖，人烟稀少。且歙砚中的罗纹、眉子、金星等著名石品，至少在宋时就已经齐备。

宋人陶谷在《清异录·宝相枝》中载："开平二年（908 年），赐宰相张文蔚、杨涉、薛贻宝相枝各二十，龙鳞月砚各一。"这里的"龙鳞"是指砚的石品，如龙鳞一样的花纹。截止到目前，龙尾山附近仍有龙鳞砚产出。水舷坑和樟树背常有这样的砚石花纹出现，其实这就是一种由砚石的折光效应而显现的一种水波纹石品，当地砚工把其形象地称为"龙鳞"。至于"月砚"应是指砚的形制，到底是满月抑或是半月的形状，似已无从考证了。

史载："天佑四年（907 年），唐天子因土运将革，天命有归，即令宰相张文蔚及杨涉等总率百官，奉禅召至大梁。梁太祖朱温接受禅让诰命，并令张文蔚等官居原位。"开平二年后梁皇帝朱温才有赐仍为后梁宰相的张文蔚等龙鳞月砚之事。

这一历史事实告诉我们，在唐末和五代的初期，龙尾山产的歙砚已经风靡一时，皇帝以歙砚赏赐大臣；大臣得到御赐歙砚后如获至宝；同僚自然羡慕不已；文人们也以其为大事而记于著作之中。

龙尾石砚品种繁多，主要介绍如下：

1. 眉子坑石

龙尾山又称罗纹山、砚山。歙砚中眉子坑即在罗纹山。

唐积《歙州砚谱·石坑第二》这样记载："眉子坑在罗纹山。开元中发，属程於地。从溪下至取石处九丈五尺，其阔二丈六尺，深一丈三尺。坑皆无土相杂。"唐积明确给出了眉子坑的位置和开坑为唐开元年间。

《钦定四库全书》中《歙砚说》载："眉子坑在罗纹山之西，从溪下至坑十余丈，坑中无土，深丈余，阔二三尺许。"这就证实了唐积的论述。

广阅历代砚书，大多认为"龙尾石多产于水中，故极温润，石性坚密，扣之其声清越，宛如玉振，与他石不同。色多苍黑，亦有青碧者"。龙尾眉纹石，也称眉子石，一般为黑色。眉纹大多为条纹状，犹如美人之眉毛而得名。

《歙砚说》将眉子纹作如下描述："眉子色青或紫。短者簇者如卧蚕，而犀纹立理，长者阔者如虎纹，而松纹从理，其曰雁湖攒与对眉子最为惊绝。凡九品。雁湖眉子、对眉子、菉豆眉子、锦蹙眉子、短眉子、长眉子、簇眉子、阔眉子、金星眉子。"另外还有些特殊纹饰的眉纹，如鱼籽眉子、罗纹眉子、金花、金晕眉子、白眉子、金眉子以及龟甲眉子等。

五花八门的眉子纹，出现在砚台的不同位置，使眉子砚呈现出千姿百态，魅力无穷。

眉纹石主要产在眉子坑。除眉子坑外，眉子坑所在砚山附近的水弦坑、水蕨坑、叶九坑和外庄坑也出产各种不同眉子纹的石料。

歙石中眉子纹石如何形成的呢？

现代地质学告诉我们，构成歙石的矿物质主要为蠕绿泥石、多硅白云母、石英、锰的矿物、黄铁矿、磁黄铁矿、白铁矿以及炭质物等。当砚石中某区域多为铁锰、绿泥石和炭质，且这个区域的形态多呈不规则条形时，在光线的照射下，这些局部就呈现偏黑色的眉纹。通常情况下，当把具有眉子纹的砚石在光源下旋转方向时，眉子纹的颜色深浅也会随着旋转方向的变化而发生变化。

宋朝著名文学家许月卿是徽州婺源人，字太空，号泉田子，淳祐四年（1244年）进士。他应邀为友人做过一首赞眉子纹龙尾砚诗，诗名《项似道眉子纹砚》。全诗如下：

新安砚石旧多奇，砚入黄扉得所归。
呵水浮云尤物视，传衣半夜伟人知。

坡仙为欠十眉咏，李及何妨一砚持。

堪笑泉田老居士，无端浑沌尽新眉。

诗中，“坡仙为欠十眉咏”是一个历史故事。相传唐玄宗曾令画工画不同的十眉图，以便比较哪个眉纹最漂亮。此事唐人张泌《状楼记·十眉图》中记载：“明皇幸蜀，令画工作十眉图，横云，却月，皆其名。”宋文学家苏东坡（坡仙）曾诗：“君不见，成都画手开十眉，横云却月争新奇。”

在《项似道眉子纹砚》诗中，诗人许月卿感叹，眉子纹太漂亮，一代天骄唐明皇命画工画十眉图，被后世称为坡仙的苏东坡也盛赞十眉图的美丽，但坡仙却终生未做出赞美十眉图的专门诗篇，我这个号称泉田子的老居士，居然“无端混沌”地观尽友人新歙砚上的眉纹，这不是三生有幸吗？

这个历史故事和这首诗向我们展示的是：至少从宋代开始，文人士大夫们对歙砚（龙尾石）中的眉子纹已经相当推崇，甚至成了他们生活中是一部分。

2. 罗纹石

罗纹石产于婺源县龙尾山。

《钦定四库全书》中《歙砚说》载：“罗纹里山，在罗纹山后，罗纹旧坑，地名寨头，即钱云所访南唐采石故坑也。”这是见到的较早确定罗纹坑地址的表述。

罗纹石砚的优良性能早就被文人墨客在实践的基础上所肯定。宋代书法家米芾在其所著的《砚史》中写道：“歙州有砚图，石峒最多种，而赤紫石多瑕，土人以线脉隔为三种病，今人以细罗纹无星为上。”

宋代文学家苏东坡对罗纹砚有以下赞誉：

罗细无纹角浪平，半丸犀璧浦江泓。

午窗睡起人初静，时听西风拉瑟声。

在苏东坡的听觉中，研磨时，墨于砚的摩擦之声，宛若琴瑟之鸣于耳，其娓娓动听的曼妙音调，又怎能不激起人诗兴大发呢？

古人对罗纹砚有专门的研究。

《春风堂随笔》载：“旧坑丝石为上，生在石中，斫者先去顽石，次得砚材。然极粗。工人名曰粗麻石。石心最紧处为浪，至慢处为丝，逾慢处为罗纹。故曰紧处为浪，慢处为丝，如木理然。”

这部著作中又说：“丝之品不一，曰刷丝，曰内里丝，曰马尾丝。独吐丝为奇，正视之疏疏，见黑点如洒墨，侧视之刷丝灿然。工人谓之砚宝，盖石之精。”

在实践中，在生活中须臾不可离开砚台是中国文人。早在很久以前，中国文人就已经把罗纹石类别分得很清楚了。正如《辨歙石说》中，把龙尾山罗纹石分为十三种，即细罗纹、粗罗纹、暗细罗纹、刷丝罗纹、金花罗纹、金晕罗纹、金星罗纹、算条罗纹、角浪罗纹、瓜子罗纹、细枣心罗纹、粗枣心罗纹及水波罗纹。

其实，罗纹石绝不止这十三种，比如著名的泥浆罗纹也是名砚，却没有包括在《辨歙石说》的品种之内。

除罗纹坑产罗纹石外，眉子坑、水舷坑、金星坑、水蕨坑等坑口，均有罗纹石产出。

3. 水舷坑

宋人唐积《歙州砚谱》:“水舷坑在眉子坑之外。临溪，冬水涸时方可取，春夏不可得。发地丈余乃至石，率多金花眉子。地属程於。”

水舷坑的名称如何而来，文献上和当地石工均无明确说法。“舷”字在汉语中一般解释为船的临水两侧，一般称为左右舷。唐积在《歙州砚谱》中指出，水舷坑石“临溪”的，故可理解为临水的砚坑，且砚坑在水陆相邻之处。

水舷坑的特点：砚石中有形态各异的金星、金花和金晕。且这些形态各异的星点往往以干净利落的水波纹为地子。由于水舷坑在眉子坑旁仅数十步之遥，其石纹与眉纹坑有相似之处，也有漂亮的眉子纹。水舷坑的水波纹、角浪纹、雁湖眉纹，在歙砚的石品花纹中堪称上品。至于在芙蓉溪中捞出的，经千百年水浸而表面已经形成一层金皮的仔石（卵石），即金皮金花仔石，简直是无上妙品了。

这样的金皮仔石做成砚台后，石质看起来有半透明感，下墨快，发墨细腻如油。诚如被收入《钦定四库全书》的宋人杜绾所著《云林石谱》载：“徽州婺源石产水中者，皆为砚材，品色颇多。一种石理有星点，为之龙尾。盖出于龙尾溪，其质坚韧，大抵多发墨，前世多用之，以金星为贵，石理微粗，以手摩之，索索有锋芒者尤妙。”

凡芙蓉溪中浸泡千百年的仔石做的砚台，敲之沉闷若木声，而不似从山坑中开采出砚石，敲击时有悦耳的金属之声。盖因砚石经千百年水浸，石质发生变化的缘故。

水舷坑就在芙蓉溪畔，想来古人开坑采石时，将石块掉入芙蓉溪，或开出之石被山洪冲入溪中，应是经常之事。后人从溪中捞出的卵石（仔石），常有在表面形成漂亮金黄色石皮的所谓金皮仔石。以这样的仔石雕琢成的砚台，历来为砚石收藏者追逐的对象。遗憾的是，经千百年芙蓉溪浸泡又生成金黄色皮壳的仔石，出世者少之又少，只有幸运者才能收入囊中。

4. 金星坑

在武溪河和芙蓉溪的两溪夹角之间，罗纹坑往东不远，即是古金星坑。

金星坑产出的砚石，多带金星点，故名。在这狭小区域内，罗纹坑、水舷坑、水蕨坑等产出的砚石，也往往带金星、金晕、金花和银星。

北宋著名文学家、政治家欧阳修，因仗义执言，为范仲淹等辩护，曾被贬为安徽滁州太守。传说欧阳修与皖东第一名胜琅琊山的僧人智仙及一家茶馆老板欧阳徽交好。他们都是徽州人，经常在一起切磋书法绘画，饮酒品茶，往来密切。久之三人成为至交好友。智仙和尚为了让欧阳修在三人集会时少跑路，就在半山腰修建一个亭子，供欧阳修歇脚和三人饮酒品茶之用。这就是千古名亭——《醉翁亭》和千古名文——《醉翁亭记》的由来。

据传，这之前，欧阳修用端砚研墨书写。自结识这两个徽州人后，用的是一方名为“双龙戏珠”的金星歙砚。歙砚（龙尾砚）的典型特点，即金星闪烁，质坚滑润，敲击时发出悦耳金玉之声或如木如瓦之声，与欧阳修常用的端砚有明显区别。用过之后，欧阳修深感歙砚之妙，于是赋诗一首：“徽州砚石润无声，巧施雕琢鬼神惊。老夫喜得金星砚，云山万里未虚行。”可见在北宋之时，歙砚中的金星砚就已名声大噪了。

北宋人何薳所著的《春渚纪闻》中讲过许多砚闻。其在《歙山斗星砚》中记载：“歙之大姓汪氏，一夕山居涨水暴至，迁寓庄户之庐。庄户，砚工也。夜有光起于支床之石，异而取之，使琢为砚石。色正天碧，细罗纹中涵金星七，布列如斗宿状，辅星在焉。因名之为斗星砚。汪自是家道饶益，惧为要人所夺，秘不语人。每位周旋，人一出，必焚香再拜而视之。”

何薳这段趣文，真假如何，我们不必去深究，但龙尾山细罗纹的金星歙砚，已被当时文人争相收藏是确认无疑的。

龙尾山中的金星、金晕、金花、银花等石品花纹，显得灿烂夺目，深得人们的喜爱。这些花纹是如何形成的呢？

中国计量出版社出版的《商品质量鉴别与构造指南·金银、珠宝、古玩、票证》篇的《四大砚石的识别》，关于歙砚中的金星砚是这样记述的：“其中分布有星点状金黄色黄铁矿或星点状白色光点的白铁矿。”这就是说，在金星坑中，产出的石英粉砂泥质板岩砚石，以灰黑色、灰色为主，矿物颗粒细小，有黄铁矿和白铁矿集合体伴生。

黄铁矿的成分以二硫化铁为主，金黄色结晶，金属光泽；而白铁矿，其实是黄铁矿的同质二象复体。白铁矿在自然界存在相对较少，且是不稳定体。当温度高于350℃时（也有文件说500℃）白铁矿又会转化成黄铁矿。有文件指出，白铁矿为斜方椎晶体结构，显典型的金属光泽。

正因为黄铁矿和白铁矿的存在，金星坑、水舷坑、罗纹坑及水蕨坑的砚石制成砚台后，石品花纹才能变化无穷。诸如金花罗纹、金晕罗纹、金星罗纹、锦蹙眉子、金星眉子、金花眉子、雨点金星、罗汉入洞。金晕若山水流云，金晕若朝霞满天或若飞龙在天，真是让人美不胜收，目不暇接。

在龙尾山及周围的砚坑，除上述的四老坑外，还有些著名的砚石坑。

一般认为，处于二等的砚坑有：水蕨坑、济源坑和里山罗纹坑；处于三等的砚坑有：叶九坑、溪头坑、紧足坑、碧里坑。

水蕨坑产出的金花眉子也相当漂亮，下墨也很好，只是与“四老坑”上品相比稍有逊色。

济源坑产出的鱼籽石，花纹漂亮，颜色爱人，也是相当好用的砚石。

在龙尾石中，人们对玉带和彩带也很崇尚。玉带石和彩带石，一般出于金星坑。很少在其他坑口中发现玉带石和彩带石。所以，人们往往把玉带石和彩带石作为金星坑中独有的特色石品。也有报道称，在出产“庙前红”的地方，有彩带石的出现。

与砚石接触久的人一般都知道，宋人欧阳修的一句话：“端溪以北岩为上，龙尾以深溪为上，较其优劣，龙尾远出端溪之上。”

“龙尾以深溪为上”实际上是说，龙尾石以水坑产出的水浸砚石和溪水中产出的经水冲、水浸千百年的仔石（卵石）质量最为上乘。在龙尾山地区，砚坑集中的武溪河和芙蓉溪，以及稍远的济溪是三条主要的溪水。武溪和芙蓉溪及其下游的桥头坑，加上济溪，是婺源砚石产区仔石产出的四处溪水浸泡处。在这些地方千百年来被溪水冲刷搬动，浸泡的砚石已具有罕见的石性。砚石在溪水常年浸泡之下，其结构和性质发生了巨大的变化，他们的表面形成了一层皮壳。皮壳有的透出如珍珠样的光泽，有的表面出现金晕、金花。雕琢时，一旦打开石皮，石肉现出半透明状，敲击时发出的不是悦耳的金石之声，而是沉闷的木声。以这样的砚石制成的砚台，下发墨都会恰到好处，成为流传于世的名砚。

这种水浸仔石，是大自然赋予婺源产砚区人的宝藏，也是爱砚人、砚台收藏者梦寐以求的收藏向往之物。

三、洮河砚

在黄河上游，有一条发源于青海的支流。它流经甘肃省卓尼县，于永靖县汇入黄河刘家峡库区。卓尼县古代归于洮河州管辖，因而，这条河被称为洮河。

洮河全长约 650 千米，流域面积两万余平方公里。在黄河全部支流中，洮河水量仅次于渭河。洮河流域是中华民族文明起源地之一。甘肃省临洮县洮河西岸的马家窑文化遗址的考古发现，证明了在距今 5000 年的黄河流域上游，就有人类在此地繁衍生息。

洮河流经卓尼县洮河砚乡——洮河东岸喇嘛崖一带，在面临洮河的悬崖峭壁之上，即为洮河砚石的主产地。

唐代晚期，著名书法家柳公权在其《砚论》中记载："蓄砚以青州为第一，绛州次之，后始端、歙、临洮。"这是有关临洮砚石见著名人著作文字的最早记载。自唐开始，洮河砚已经有 1200 多年的历史了。

宋人赵希鹄在《洞天清录·古砚辩》中《洮河绿石砚》载："除端，歙二石外，唯洮河绿石，北方最贵。绿如蓝，润如玉，发墨不减端溪下岩。然石在临洮大河深水之底，非人力可致，得之无价之宝。"

赵希鹄告诉我们，他所在的南宋时期，文人士大夫对石质砚台的热爱，首推端、歙。而在北方，由于洮河石颜色漂亮喜人，温润发墨，其可与端溪和龙尾石比肩。但洮河砚所取的困难程度，却远比端、歙还难。"千夫挽绠，百夫运斤，篝火下缒，以出斯珍"的端溪水岩石，再难也可以组织人力和物力挖掘，而洮河之滔滔大水湍流，如何从河底取出砚石呢？

正因为如此，我们所见到的洮河砚石，很少是从大河之底取出的砚石。最有名的洮河砚石，产自甘肃省卓尼县洮砚乡的洮河东岸喇嘛崖一带。这些地方产出的砚石，也称为老坑石。

洮河砚石形成于古生代的泥盆系，距今最早应为5亿5000万年。砚石属于泥盆系中水成岩变质的细泥板页岩石。

在老坑石中，极品应为“鸭头绿”，其色碧绿中带有蓝色，结构细腻，储量极少，据说在宋代就已经断采。

当今产品中，也有称之为“鸭头绿”的砚石产出，颜色也非常漂亮。在碧绿的基色中，有墨蓝的纹路，如大河之波涛汹涌。当今的产品中，还有称之为“鹦哥绿”的绿漪石和称之为“鹋鹛血”的红色砚石品种。

在上文讲到，洮河砚石产地的矿床形成于4亿至5亿5000万年前的古生代泥盆纪。由于地球在漫长的岁月中，发生过许多次激烈的变动，造成岩体开裂成大小不同的块状和层状岩石；又由于长时间自然界风、雨、寒暑的转换，裂隙中逐渐充填岩浆和各种化学物质的液体，液体又不断析出物质。这就形成了各种各样的裂隙填充物，这些填充物又与形状不同的岩石块状物紧密结合，形成了砚石的膘。这应与端石膘络形成过程基本相同。但洮河石的膘更具多色性，根据目前所发现的洮河砚石的膘，色分墨紫绿白黄不同；状显鱼鳞、松皮、蛇皮、鱼卵、蜂蜡，油脂各异。

在洮河石砚的鉴赏中，砚的颜色与膘的状况、颜色是相得益彰的。

民国时期陈保全《西北论衡》第九卷《甘肃的一角》载：“其邑人诗曰：洮砚质如何，黄膘带绿波。终日水还在，隔宿墨犹活。”这里称赞和歌颂的就是洮石美丽颜色和膘的颜色相得益彰，暨砚石不渗水的优良特性。

洮河石又名灰绿石、辉绿石，它主要由辉石和基性长石组成。辉绿石中常含有少量橄榄石、黑云母、石英、磷灰石、磁铁矿、钛铁矿等。辉绿石又常变成绿泥石、角闪石和碳酸盐类矿物。洮河砚石因绿泥石的颜色而整体呈现绿色。

绿色是洮河砚的主色调。但绿色又分为若干种，有翠绿、深绿、淡绿、灰绿等。比较有名的称“鸭头绿”，在绿色中泛出蓝色调，一般带有水波纹。鸭头绿砚石的石质温润如玉，是洮河石的上品。宋代文学家黄庭坚有诗曰：“久闻岷石鸭头绿，可磨桂溪龙文刀。莫嫌文吏不知武，要使饱霜秋兔毫。”

鸭头绿主要产于喇嘛崖。其他坑口也有产出，但很少见。

其次是鹦哥绿，也称鹦鹉绿，比鸭头绿的颜色更深一些。其实际泛指产于喇嘛崖、水泉湾和拐洞湾各坑中的碧绿的洮河石。这类石料的纹路较少，甚至看起来几乎无纹路。石料质地杂质较少，发墨性能尚好。金代著名文人冯延登有诗曰：“鹦鹉洲前抱石归，琢来犹自带清辉；芸窗尽日无人到，坐看玄云吐翠薇。”

还有一种淡绿色的洮河石，人们形象地称之为“柳叶青”，色如早春新发的柳叶嫩绿，绿中泛黄。这是较为稀少的洮河石品种，它主要产在水泉湾之水坑中。现代已经在喇嘛崖和拐洞湾的坑口中发现了类似产品。柳叶青大多无纹，有淡淡的纯美之感。

在绿色的洮河石中，还有一种可见黑色的点状物或形成连片的黑色的石料，古人称其为“湔墨点”。带有“湔墨点”的砚石，以喇嘛崖的坑口产出为多，其他如水泉湾和拐洞湾也有出现。

除绿色砚石外，洮河砚石中尚有紫色和紫红色的砚石产出，古称“鹛鹧血”和“羊肝石”。前些年开采出的洮河砚石中，有相当数量的紫色或红色的品种，有些有明显的条纹，但其发墨远逊绿石。

在洮河石砚料中，还有黄色的矿石出现，当地称为洮河黄石。洮河黄石又分为纯黄、红黄和黄绿等。

无论是喇嘛崖，还是水泉湾，抑或其他洮河石坑产出的砚石中，均可出现铜钉，它是铜元素的结晶。在绿色的砚台上，点点发亮的铜钉或呈现条状亮光的铜线点缀其中，确能让人醒目提神。

自唐以来，甘肃的洮河砚一直为砚林翘楚之一。尽管其产地在大西北，开采困难，物至中原有无限艰辛，数量上比端、歙砚台少之又少，但因其质优和色艳，一直保持“四大名砚”桂冠之一。其硬度在端砚之上，而又在歙砚之下；论下墨，洮砚快于端而慢于歙；论发墨，洮河砚又劣于端而强于歙。

使用洮河砚，总的感觉是，因其有奇特的石质结构，带来发墨快、起墨细、墨色生光的特点。哪怕是炎热夏日，洮河砚贮墨几日不腐。即使寒冷冬日，洮河砚墨液也少有冰冻。且其具有端、歙砚那样利笔益毫之优良品质。被苏东坡提携，而后名声大振的晁元咎曾作《砚林集》，他对洮河砚有如下评价：“洮之崖，端之谷，匪山石，唯水玉。不可得兼，一可足温。然可爱，且鸲鹆，何以易之，鸭头绿。”晁元咎还留下如下诗句：“洮河石贵双赵璧，汉水鸭头如此色。”

明代著名鉴赏家、《遵生八笺》作者高濂评价洮河石：“洮河绿石绿微蓝，其润如玉，发墨不减端溪下岩。”

四、澄 泥 砚

自唐以来，人们称之为“四大名砚”中的三种——端砚、歙砚和洮河砚，均为天然石质。唯有澄泥砚是由人工制造的材料制成的。古今介绍澄泥砚的书谱中，均说该种砚为河泥经澄清作为原料，加工烧制而成。

澄泥砚实为陶质，烧成温度又高于陶器；澄泥砚又可归于瓷器，烧成温度又低于瓷器，且是无釉烧成的，它是应介于陶与瓷之间的一种炻器。

因澄泥砚原料颗超细，成砚后手抚有如婴儿皮肤的感觉；又由于其烧成温度比陶器高，密度大，遂成贮水不涸，发墨不损毫的特点，堪与佳石制成的砚台相媲美。

（一）澄泥砚的产地

关于澄泥砚最早产在什么地方？自古至今说法不一。主要有山西说、山东说和河南说三种。但不论哪种说法，生产地均离不开大河，或者说均在黄河流域。

1. 山西说

山西绛州澄泥砚，“孕于汉，始创于唐代前期，兴于唐，盛于宋”。可谓历史悠久。唐时曾被列为贡砚。到明朝时期，澄泥砚达到炉火纯青的高峰期。

唐代著名书法家柳公权在其著的《砚论》中说：“蓄砚以青州第一，绛州次之，后始重端、歙、临洮。”据查，绛州并无知名的石质砚。所以柳公权所说的“绛州次之”的砚应为澄泥砚。在唐代初期，山东青州的红丝石砚，为全国四大名砚之首。这就是说，按照唐代大书法家柳公权的说法，在全国砚种中，第一为山东青州的红丝石砚，第二是山西绛州产的澄泥砚了。可见当时绛州澄泥砚在文人中的认知度是很高的。

大凡一种产品的出现，必有其出现的道理。澄泥砚的原料——澄泥资源，有其独特形成的地理条件。

山西绛县能产出盛行于世的澄泥砚，首先得益于山西绛县的地理位置。汾河作为黄河较大的一个支流，发源于山西宁武县东寨镇管涔山。《山海经》记载：“管涔之山，汾水出焉。西流注入河（黄河）。”汾水上游，峡谷连绵，沟壑纵横，水流其间，激荡湍急，百转千回，几经山西全省之南北。汾河在河津汇入黄河前，新绛段河道渐宽，水流渐缓，致使河水中的泥沙下沉，浊水变成清水。汾水自崇山峻岭带来的含有多种矿物的泥沙，在水流不同速度的情况下，自然分级、沉降，成为成就澄泥砚的得天独厚的澄泥河床。

明人陈继儒所著的《珍珠船》记载：“绛人善制砚，缝绢袋致汾水中，逾年而取出，陶为砚，水不涸。”山西绛州的澄泥砚具有悠久历史，是被充分肯定的。但山西绛州是否为我国澄泥砚的最早故乡呢？

2. 山东说

主张我国澄泥砚首先在山东出现的大有人在。他们着重指出：澄泥砚实际上是我们的先祖由制陶工艺发展而来的。山东泗水县柘沟镇，因盛产土陶而名扬华夏。其陶土色红艳丽，是得天独厚的自然资源。鲁地先民即以此烧制红色陶器。据考证，泗水柘沟镇地区有5000余年的制陶历史。因此，陶砚出现在这一地区应是顺理成章的事。各地陆续出土的鲁柘澄泥砚，充分说明了该地区制砚历史的悠久。展于博物馆的一方西汉宣帝年间的鲁柘砚，说明鲁柘澄泥砚不晚于2000年前就已出现。诚然，那时的泗水澄泥砚，也还只是停留在陶砚的水平，还不能算我们现代意义上的澄泥砚。但是澄泥砚从陶砚发展而来，应是不争的事实。

泗水地区考古活动，发现了大量的大汶口文化和龙山文化的古代文明，是中华文化渊源之一。宋代理学家朱熹说：“舜耕于历山（泉林镇历山东、西村），陶于河（泗水河）滨，渔于雷泽。”这说明山东泗水的土陶在舜时已闻名华夏。先民在烧陶的基础上，烧制出用于彩陶绘画的陶砚，是可以想象的。随着中华文明的发展，从陶砚发展成澄泥砚也应顺理成章。

从众多关于鲁柘砚的文献中，可得出现代意义上的澄泥砚在柘沟镇出现也不会晚于唐代的结论。

山东泗水地区是儒家文化的重要发祥地，是至圣先师孔子的生地。儒家五圣（至圣孔子、亚圣孟子、复圣颜子、宗圣曾子和述圣子思）以及墨子、仲子、孔鲤等众多先贤都曾生长、活动在泗水河流域。砚作为文房四宝之一，它的出现是随着文化的发展而出现的。山东省是我国出产石质砚台的大省，有红丝砚、金星砚、徐公砚等十几个石质砚种。鲁柘砚作为澄泥砚的一种，唐宋时与虢州澄泥砚、绛州澄泥砚齐名。澄泥砚的前身——陶砚出现在烧陶之乡有其必然性。故土陶之乡——山东泗水县柘沟镇作为我国澄泥砚最早出现之地，不论在物质上还是技术上，乃至文化底蕴上均是有可能的。

3. 河南说

主张澄泥砚最早出现在河南的研究者指出，宋代李之彦《研谱》记载："虢州澄泥，唐人品砚为第一。"《郏县志》记载："澄泥砚，唐宋皆贡品，泽如美玉，击若钟声，坚而不燥，抚之如童肤，贮墨不耗，积墨不腐。"虢州明时归郏州管辖，即今之三门峡市灵宝市地区。

相传，豫西黄河沿岸特别是虢州地区用黄河泥制砚，始于西汉初期。西汉末年技艺日臻完善，至唐时盛行于世。

综上所述，不管是山西说、山东说还是河南说，澄泥砚的出现都应在汉至隋唐时期，且澄泥砚的出现应早于现代意义上的石质砚，或与现代意义上的石质砚同时出现，无法确定孰早孰晚。

按照《古玩指南全编》的说法："周以前使用石墨磨汁做书者，石墨须研，而研石墨者，无论为何器物，即可谓之砚。"但"应知唐以前之石砚，并无砚形，亦非特制，即普通之石片，临时捡取的应用者，用毕则弃之。所谓用之则藏，舍之则弃。实系用石磨墨，而非砚也"。按赵汝珍的说法，当时书写用的是石墨（天然石墨），要在石片上把石墨捣碎，加水磨细成汁。澄泥砚在硬度上、抗击强度上似乎并不占优势。因为澄泥砚的密实度、抗击打能力明显弱于大多数石质。这时的澄泥砚尚无出现的必要条件，其实在烧陶已经发达的当时，很容易制造的陶砚以及砖砚、瓦砚也未出现使用，恐怕也是因为这个原因。

只有当人工墨条出现，墨汁不是以石墨在石片上捣碎后加水研磨而成，而是以人工墨条在器物上直接加水研磨成汁时，澄泥砚才有出现的可能和必要。

对墨条的出现时间，人们一般认为是在东汉以前。据东汉应劭《汉官仪》记载："尚书令、仆、丞、郎，月赐愉麋大墨一枚，愉麋小墨一枚。"它被认为是史书关于墨的最早记载。所以澄泥砚的出现，根据砚墨出现应几乎同时或前后的判断，最早应在秦、西汉时期。

那个时期石质砚几乎并未见著于世。书写绘画的用砚，应以工艺简单的陶砚、砖砚、瓦砚为主，而后澄泥砚，再以后出现现代意义上的石质砚。

当然，赵汝珍《古玩指南全编》成书之后，随着我国考古新发现的不断出现，对石质砚、人工制墨的使用年代也出现了各种不同的考证。这里不一一介绍。

（二）澄泥砚是如何制造的呢？

古代劳动人民由烧陶工艺发展而来的澄泥砚制作技术，经过长时间的发展、积累、完善，到唐宋时期已经形成了较成熟的制胚、烧造技术。

北宋翰林学士苏易简的《文房四谱》和张洎的《贾氏谈录》中，对澄泥砚的制作方法均有翔实记载。经归纳整理，大体如下：以河床泥为原料制作澄泥砚，要先取淤积河泥，在清水中淘洗，去掉粗渣，把含细泥的水在容器中澄清（所以有人指出，澄泥砚中的澄发音应为DENG而非CHENG），倒弃上部清水，把澄清后的细泥用绢袋装盛，系紧袋口复入河中（“绛州人善制砚，缝细袋与汾水中，逾年后泥已实襄矣”——《贾氏谈录》）让袋中之泥经受河水冲洗，历经二三年后，经河水的冲刷，袋中之泥沙越来越细腻。

也有不以绢袋抛入河中的办法，而是在洗泥、澄清过程中反复进行，来达到让河泥逐渐变成超细的目的。见著文献记载，澄泥砚制作用细泥中矿物粒度为0.01毫米左右。与四大名砚中端、歙、洮河石中的矿物粒度相当。

在澄泥砚的制作过程中，粒度相当于0.01毫米左右矿物细粉准备是制作的关键步骤。这种粒度的矿物细粉料又是大自然赋予的。分布于山西黄土高原土壤中的云母、石英、长石、方解石、铁的化合物等矿物颗粒，被山洪携带，咆哮于纵横沟壑之间，水流的机械运动，矿物颗粒间碰撞，使矿物颗粒磨细。汾河之水并入黄河之前，水流变缓，矿物颗粒由于比重不同，颗粒大小不同，在水流变化中沉降，靠自然之力把矿物颗粒进行分选。这就出现了适于制造澄泥砚粒度的泥沙原料。

天然河泥经处理后成为符合要求的制砚原料，再根据需要加入黏合剂、颜料和泥成团，类如胶状，以物击打，使其致密坚实。以竹刀刻作砚状，即微干后刻随意花纹。至此，澄泥砚已经成型，待干燥后即可烧制。

古人烧制澄泥砚并不用窑炉，而是把砚坯码放于空地，覆以稻糠并干牛粪，烧数日乃至十数日，再用黑蜡、米醋相参蒸多时而成。

唐宋时期，这一制造方法，造就出不逊于石质的澄泥砚，坚如铁石，下墨如飞，贮墨不涸。由于烧造温度变化，所含矿物质成分比例不同，加上添加颜料配色的效果，成砚后又有朱砂红（日本称虾头红）、鳝鱼黄、蟹壳青、豆沙绿、檀香紫等不同色彩。

宋以后，石质砚的大量采用，使澄泥砚使用渐少，用澄泥制砚逐渐走向衰败。尤其是明朝以后，澄泥砚的古法制砚已逐渐失传。这是因为石质制砚得到发展，好的砚石逐渐发现，而石质砚的某些特性又优于澄泥砚。也因为黄河及汾河的水量、流速发生变化，即使烧制澄泥砚，方法也与古法不尽相同。

其实，任何事物的出现和消失都有其客观规律，是不以人的意志为转移的。

清乾隆皇帝在感知皇家所藏澄泥砚后，曾叹："抚如石，呵生津，其功效可与石砚媲美，此砚中一绝。"乾隆还为其喜欢的一方钟式鲁柘澄泥砚赋诗一首："模削谁为几上宾，洪钟作式出陶钧；设如洞理文流响，七召畴为待扣人。"不仅如此，一生好古的乾隆皇帝还曾命人到汾河取泥，在宫中制造澄泥砚，且历时十年之久。遗憾的是，乾隆造办处澄泥砚的制造，没有像清皇家制瓷那样，达到登峰造极的地步。但如今故宫库房中静静贮放的汾河之泥，还在述说着这段过往的宫廷制砚史。

纵观中华的文明史，是由文字的不断发展而得以最大限度记录的。文字的发展又使"文房四宝"之首的砚台得以产生和发展。澄泥砚作为砚台的一个品种，应产生在书写用墨出现以后，即研的压碎功能丧失，变成专门研墨用具之后。这时，各种书写用砚不断产生，如砖砚、瓦砚、陶砚、瓷砚、各种石质砚等砚种。

唐以前，优质石砚尚未大量出现。由于制砚材料易得，烧陶工艺已经完善，砖、瓦、陶砚以后，澄泥砚应运而生。从汉到唐宋，在书写用砚上，澄泥砚占有重要比重。据《唐摭言·卷四》记载，唐代文学家、政治家韩愈有一则《瘗砚文》流传于世。足以说明唐时澄泥砚在文人用砚中的地位。"陇西李元宾始从进士，贡在京师，或贻之砚。四年悲欢否泰，未尝废用。与之试艺春官，天宝二年登上第。行于褒谷间，役者误坠之地，毁焉。乃匣归，埋于京师里中。昌黎韩愈，其友人也，赞而识之：土乎成质，陶乎成器。用复其质非生死类，全撕毁，不忍弃，埋而识之仁之义。砚乎砚乎瓦砾异！"

这个故事是说：韩愈的友人，与韩愈同年进士及第的李元宾有一方澄泥砚。李元宾视其为心爱之物，多年来朝夕相处，从未废用该砚。在李元宾奉调回京的路上，被仆人不小心打碎了。他痛心不已，将碎片收在木匣中，带回京城，埋在自己的后花园中，以表示对其相伴之情的感念。这件事情感动了他的好友——文学家韩愈，于是就有了流传至今的《瘗砚文》。

李元宾这样喜爱、怀恋他的澄泥砚，一定是因为该砚是他的文房利器，是他在考取功名和仕途中得心应手之物。这个故事也告诉我们，在李元宾生活的唐代，澄泥砚一定是中国文人士大夫使用的重要砚种，被人们所推崇。赵汝珍《古玩指南全编》对砚的不同时代变化是这样的说的："唐时，用瓦砚仍多，石砚者占少数；宋时，已是瓦、石各半；当元、明之时，多用石砚。"这里所说的瓦砚者，实应包括砖、瓦、陶砚和澄泥砚等全部人工烧造砚类。

澄泥砚的颜色有许多种，有鳝鱼黄、蟹壳青、朱砂红、檀香紫、豆绿砂等。在制砚成坯时，由于所用澄泥不同，在澄泥中加入的着色剂不同，再加上烧制时温度变化因素，产品产生窑变情况不同，致使不同窑的产品，甚至同一窑的产品，也会出现不同的窑变色，所以澄泥砚的色彩各异，变化莫测，巧夺天工。

从古至今，人们对澄泥砚的颜色有不同理解。有的以朱砂红（日本人称为虾头红）为贵，有的却推崇鳝鱼黄。其实不管为何色，澄泥砚只有具备了质坚抗磨，观若润玉，抚如儿童之肌肤，敲若金玉之声，易发墨，不伤笔，贮墨冬不冻涸，积墨夏不腐，才能被视为良砚。

第二章

国内其他名砚

一、山东省产砚种

“一山一水一圣人”是人们对山东省的赞美。山东自古是文化大省，在中国有文字记载的历史上，历史名人辈出。诸如圣人孔子、亚圣孟子、书圣王羲之……正是在这个“孔孟之乡，礼仪之邦”，历来崇尚读书。读书之人则离不开文房四宝。山东出产的砚台，种类之多，在国内毫不夸张地当属第一。这里所说的山东砚，是指在山东省内出产的砚石，经雕刻而成的砚台的总称。因为山东省简称为鲁，人们也习惯将山东砚称为鲁砚。

现在仍被津津乐道且在中国砚台发展史上占有重要地位的鲁砚，有红丝砚、金星砚、徐公砚、淄砚、田横砚、砣矶石砚、鲁柘砚、龟石砚、尼山砚等多个砚种。

（一）红丝石砚

红丝石砚产于现在山东省临朐县老崖崮和潍坊市的青州所辖黑山。因现临朐县和潍坊市青州古时均曾经为青州管辖，故历史上红丝石砚又被称为“青州砚”或“青州红丝砚”。

青州砚的最早出现年代，至今尚无定论，但不晚于唐代应该是人们的主流看法。

这以当代著名书法家启功先生的诗为证。

启功先生 1978 年参观了在北京举行的鲁砚展览会后，为贺青州黑山红丝石和临朐老崖崮红丝石同获盛举，以他对中国石砚研究的深厚功底，欣然命笔，写就如下诗篇：

唐人早重青州石，田海推迁世罕知。

今日层台观鲁砚，百花丛里见红丝。

宋朝苏易简《砚谱》云：“天下名砚四十余品，以青州红丝石为第一，端州斧柯石为第二，歙州龙尾石为第三。”

宋朝唐询（彦猷）《砚录》中说：“红丝石华缛密致，皆极其妍。继加镌凿，其声清悦，其质华泽，殊非耳目之所闻见。”他也把砚的优劣按自己的理解做了排序：“青州红丝石，一；端州斧柯石，二；歙州婺源石，三；归州大沱石，四；……”

这就是说，在端、歙大行天下的宋代，仍有部分文人钟情山东红丝石，不忍使其让位于端、歙。

清朝《钦定四库全书续博物志·卷九》：“砚谱载天下之砚四十余品，以青州红丝石为第一，端州斧柯石为第二，歙州龙尾石为第三。”《续博物志》为宋朝人李石所著，被收入四库全书，应有权威性。其所说的“砚谱”，应为同朝人苏易简所著的《砚谱》无疑。

如以矿物学原理分类，红丝石岩性属于红色致密块状，具丝状弯曲纹理的薄层微晶灰岩，产于中奥陶世马家沟组地层中。岩中主要矿物组成为方解石，颗粒小于0.01毫米，此外还有铁质化合物沿弯曲的波浪状纹理分布，纹理密度0.2～0.4毫米。该纹理在石中回旋变化，线条美丽。红丝石中还会有少量的石英和云母。

红丝石独特的矿物结构，决定其有黄色地，红色弯曲纹，故人称其为红丝石。由矿床中产出的实物看，红丝石矿物的花纹颜色却是五花八门，回旋的丝纹也是变化无穷。有黄地红丝，有红地黄丝，也有褐地黄丝，褐地红丝，五彩斑斓、色泽梦幻令人目不暇接。

红丝石不仅有亮丽的石色，美丽的花纹变化如梦如幻。它还石质细腻滋润，质坚不顽，手抚如膏，击之有宝玉之声。红丝石砚易于下墨，发墨如油，墨色相凝如漆，不伤笔锋，贮水不涸。研好的墨加盖后，虽历数日仍可书写。由宋代著名诗人陆游完成的《老学庵笔记·卷八》记载：“唐彦猷（唐询）砚录言，青州红丝石砚覆之以匣，数日墨色不干。经夜其气上下蒸濡，著于匣中，有如雨露。”

明朝人高濂《遵生八笺》论砚篇记载：“他如黑角砚、红丝砚、黄玉砚、褐色砚、紫金砚、鹊金墨玉石砚，皆出于山东。”《遵生八笺》所记有一定权威性，后世文人多有引用。

由清高宗乾隆皇帝钦定的《西清砚谱》中收录了四方红丝石砚。在一方红丝石“鸜鹉砚”背面，这位一生留下几万首诗的皇帝写道：“鸿渐不羡用为仪，石亦能言制亦奇。疑日祢衡成赋后，镂肝吐出一丝丝。”读清高宗的诗，你会发现，为让人知道其知识之渊博，其所赋的诗中，很重视用典。在此诗中，乾隆又用了两个典故，以“鸿鸟高飞，其羽为仪”来喻红丝石砚之实用，以祢衡《鹦鹉赋》的典故，道出他对红丝石砚的敬畏及怜爱之情。

近当代著名佛教界词家赵朴初曾为红丝石砚赋诗：“昔者柳公权，论砚推青州。青州红丝石，奇异盖其优。云水行赤天，墨海翻洪流。临砚动豪兴，挥笔势难收。品评宜第一，吾服唐与欧。”

宋人欧阳修在其《砚谱》中云：“红丝石者，君漠赠余，云青州石也。得之唐彦猷。云须饮水使足乃可用，不然渴燥。彦猷甚奇此砚，以为发墨不减端石。”此文所说君漠，即宋代四大书法家之一的蔡襄，其与欧阳修、唐彦猷同为好友。对山东青州红丝石最早推崇的是这位北海郡侯、字彦猷的宋代文学家唐询。他在《砚录》中特别提出：“青州黑山红丝石为砚，人罕有识者。此石至灵，非他石可以较论，故列之于首焉。”

如此，我们可以推断，赵朴初老先生诗中所说的“唐与欧”应是为山东红丝石砚鼓与呼的唐询和欧阳修二位文学大家。

历代文人墨客如此钟爱山东红丝石砚，为什么它却长时间不能被列为全国“四大名砚”呢？究其原因，主要是当时红丝石的储量有限，加之开采时间过长后，矿石枯竭，产出量不能满足市场需要，使人们转而用其他石质砚台替代。

按照现代经销学理论，就是当商品产量不能占市场统治地位时，必然造成影响力下降。所以到南宋后期，“四大名砚”中的红丝砚，不仅失去老大位置，且被澄泥砚或洮河砚挤出“四强”。

现在值得庆幸的是，在古人开采取石的地方，当地人又找到了新的矿脉。当地制砚师在继承红丝石砚古砚雕刻技术的基础上，创造出更加完美的艺术风格，使红丝砚这一瑰宝又焕发出奇目光彩。

（二）淄砚

淄砚产于山东淄博市淄川区。

清乾隆时期曾任淄川县令、著名教育家盛百二在其所著的《淄砚录》中记载：“昔时取石之处，或云金雀山，或云梓桐山石门洞。今则在淄川东北二十余里河东庄之仙岩洞，一名洞子沟者也。两崖相对，铁色壁立南北。崖各有洞，可容数十人。中为涧壑，流水自东而西注，东畔巨石平铺，方广数十亩，皆砚材也。径尺之石，高下不同，方寸之石，腹背迥异，其粗者必松，石粉与墨俱下，损笔尤甚，出于璞者为佳。韫玉所以名乎，形如卵，俗名凤皇子者为最，犹端溪之子石也。”

经核对，清人盛百二的论述基本正确。从淄川区的仙岩洞和洞子沟开采淄川石，自宋以来，历经元、明、清和民国，从未间断。

由矿物学分析得知，淄石属于粉砂质泥岩。其所含矿物成分为显微晶质状方解石，褐灰色半透明状泥质物。方解石外粉沙质矿物中，石英含量为主，还常含黄铁矿物质。矿石金星闪烁，映目有辉，故淄石又被称为“金星石”。又因为黄铁矿有金黄色金属光泽，古人误以为含“铜”，对黑色淄石有“墨玉铜云”之说。

易学大师、哲学家、宋人邵康节《金雀砚诗》中云：“铜或常有，未尝见金雀。金雀出何所，必出白云岳。”金雀者，非金鸟也。因淄石中硫化铁斑点密布，相互融合，形成类似金黄色的雀鸟一样的图形，所以古人也称淄石为“金雀石”。

淄石除有含硫化铁形成的金星石，还有金黄色的金线、银白色的银线的石品。石的底色有黑、黄、绿、紫、白等。制成砚台后，不仅坚而柔，且下墨快、不损毫。

淄砚又称淄石砚，因产淄川，又名淄川砚，是山东省名砚之一。

关于淄砚的最早出现年代，今人说法不一。有人说淄砚有2000多年历史，故宫博物院有汉代制造的淄砚为证；也有人论证，淄川砚始于唐，盛于宋，有1300年历史，可认为其与端砚、歙砚几乎同时问世。

宋人唐询《砚录》中，把砚台品种优劣进行了排序。他的安排是这样的：“青州红丝石，一；端州斧柯石，二；歙州婺源石，三；归州大沱石，四；淄川金雀石，五；淄川青金石，六……”

宋代著名书法家米芾《砚史》云：“淄石理滑易乏，在建石之次。”

《四库全书》收录的《东坡全集•补遗》中，却这样评价淄石砚：“淄石号韫玉砚，发墨而损毫，端非下岩者，宜笔而退墨。二者当安所去取？用退墨砚，如骑钝马，数步一鞭，数字一磨，不如骑骡用瓦砚也。”

明朝人余怀《砚林》中说：“宋熙宁中尚淄砚，神宗亲择其尤佳者，赐司马温公。”这是宋朝时期一个典故。司马光以近乎毕生心血，编成《资治通鉴》后，北宋神宗赵顼（1048—1085）为奖励有功的翰林学士司马光，赏赐给他一方淄川砚。可见在北宋之时，淄砚身价上升到皇家蓄砚的档次。其在砚林中的位置，可以比肩端、歙。社会上的文人雅士，无不为得到一方淄砚而孜孜以求。

清朝大学士纪晓岚《阅徽草堂砚谱》中收录了淄砚。这是纪昀81岁时，请时任山东巡抚的铁保（字冶亭）寻访的。其中一方纪晓岚作铭：“青州红丝砚，今久绝矣。唯淄石之佳比颇如端溪，然新石皆粗材，旧石佳者亦罕。冶亭巡抚山东，为余购得石璞一，砚砖二，皆故家所蓄百年以外之物。此其一也。嘉庆甲子九年月晓岚记。时年八十有一。”

清人盛百二《淄砚录》载：“放翁蛮溪砚铭云：‘龙尾之群，淄韫玉之伯仲也。’”

这些前人对淄川砚的评价，说明直到清朝，文人们对山东产的淄砚还是情有独钟的，可见当时人们对淄砚认知度之高。尽管自宋以来，人们对淄砚的优劣评价各有千秋，但可以肯定的是，淄砚有文字记载的历史已经千年以上。

（三）砣矶石砚

在渤海海峡宽约 3/5 的海面上，散落着大小 32 个岛屿。这就是山东省唯一称为海岛县的长岛县所在地——著名的长山列岛，也称庙岛群岛。长山列岛把胶东半岛和辽东半岛分于南北；把黄海和渤海划于东西。长山列岛人口居住最多的砣矶岛，就是山东名砚之一砣矶石砚的产地。

砣矶石砚材采于海岛西海岸悬崖下的山泉水眼处。石色黑中泛绿，质地坚硬致密。因含绢云母、石英、白钛矿等物质，致使石材中有状如雪浪的花纹。又因含有金黄色的斑点，使石材恰如龙潭秋水，碧波荡漾，映日反光，雪浪滚滚，故世人也称之为“雪浪金星石”。

砣矶石岩性为含白钛矿硬绿泥石的千枚岩。岩石呈细鳞片状，平均粒度 0.1 毫米以下，成分均匀，结构致密，硬度为莫氏 3 ～ 4 度。

宋人李之彦《砚谱》云：“登州砣矶石，上有罗纹金星。”

纪昀好友、清代名士董寄庐赏砣矶石砚：“砣矶石似歙而益墨殊胜，有枯润二种。得之润水者尤佳。石家藏此砚而宝之。”

盛百二在《淄砚录》中，也引用前人对砣矶石评述：“又得登州海中砣矶石，全类歙而纹理皆不逮也。”

这就告诉我们，从宋到清，文人墨客对山东的砣矶石砚的收藏、把玩和使用从未间断。

《西清砚谱》收录有砣矶石砚。乾隆皇帝在一方刻有螭蟠的长方形砣矶石砚背，手书砚铭：“砣矶石刻五螭蟠，受墨何须夸马肝；设以诗中例小品，谓同岛瘦与郊寒。”诗中的“马肝”指的是端砚。因端石多为紫色，人们形象地称端砚为“马肝石”。砚铭中“岛瘦”指唐朝诗人贾岛。贾岛作诗以铸字炼句取胜，素有“两句三年得，一吟双泪流”之赞称。贾岛入仕前曾为僧，诗风僻苦，峭直深刻，世人语其诗风格为“瘦硬”。砚铭中的“郊寒”指唐朝诗人孟郊。孟郊入仕前曾隐居，入仕后因仕途坎坷，其诗内容常显嗟悲叹苦，入清冷之境，世人谓其诗风格为“郊寒”。贾岛和孟郊一僧一隐，在唐朝诗坛上，诗风别具一格，从而留下“岛瘦郊寒”的诗名，被千古传诵。

在这方山东砣矶石砚上，乾隆皇帝把砚林中的砣矶石砚比作唐朝诗坛上的“岛瘦与郊寒”，足见乾隆对砣矶石砚的推崇和赞赏。

砣矶石砚开发于宋熙宁年间，兴于明，盛于清，因为其采于大海围绕的海岛之上，被古今爱砚者视为珍宝一样收藏，故人们把砣矶石砚称为“产于海中，珍于海内”。

二、河南省产砚

（一）方城石砚

方城石砚产于河南省方城县黄石山，又名黄石砚。

方城县地区位于河南省南部，南阳盆地东北隅，伏牛山东麓。县东北部，是我国历史上楚长城重要隘口之一的方城隘口。秦始皇统一中国后，楚长城的军事价值被人们渐渐遗忘。但就在秦始皇完成统一后，在河南的方城仍有故事发生。

在方城县有这样一个传说：秦统一中国后，由于暴政统治及焚书坑儒的施行，引得天怒人怨。不久推翻秦政权的行动在全国不断出现。韩国贵族之后的张良，怀着济世之才和亡国之恨，与沧海壮士埋伏于博浪沙，用铁椎击秦始皇，刺杀未竟。在秦政权追杀下，张良隐姓埋名，寻求机会反秦。一天，张良来到方城县一山下，游于桥上，恰遇一位长者故意把鞋甩到桥下。

该老者不客气地对走过来的张良说："小子，把鞋给我拾回来！"张良多日躲避官府追捕，终日忍气吞声正无处发泄，伸手想教训这个老头。但碍于长者着实年老，不忍下手，还是到桥下帮老者拾回鞋子，这老者又让张良把鞋子给他穿上，一副倚老卖老的样子。张良暗自思量，取也取了，索性就给他穿上吧。于是张良就屈膝于老人眼前，帮他把鞋子穿上。

事毕，老者非但不谢，反而大笑扬长而去。须臾，老人返回，笑对张良说："孺子可教也，三日后黎明，到此与我相会。"张良始知老者不同寻常。第四日早晨，张良早早来到桥上，却见长者早已坐在桥上。不等张良开口，老者呵斥张良少不更事，令其明早提前来。第五日，张良天不亮就起来，匆匆赶到桥上，却又见老者稳稳坐于桥上。老者又劈头盖脸批评张良年轻人于事不专，明知有事还起得这样晚，有不尊长者的坏毛病。不容张良回话，老人就说明天再早点来。

张良连续两日迟到，自己也感到不妥。这一夜他干脆不睡觉，早早到桥上等待。天色将明之时，张良就见老者缓步而至，满脸欣喜之色。随即，老者自怀中取出一部书交给张良，并对张良说："读此书即为王者师。后十年兴。"说毕飘然而去。

天明后，张良打开书一看，方知为《太公兵法》。自此之后，张良日夜苦读兵书，终成大器。十年后，天下大乱。张良协助刘邦成就霸业，被封为留侯。

后来张良知道他遇到的长者就是在方城附近修炼的黄石公。为纪念张良遇仙这件事，方城县的这座山被称为黄石山；黄石山中向张良授书之桥被称为遇仙桥；自黄石山上采石制作的砚就自然称为黄石砚了。

这毕竟是传说，缺乏史料的支持，且与《史记·留侯世家》中张良在下邳（今江苏徐州境内）圯上遇黄石公的记载冲突，所以我们只可把当地流传的这个故事当作民间传说来对待。但从近年来陕西秦始皇焚毁皇宫和墓地考古发掘来看，《史记》有关秦王朝的记载与真实的历史似乎也有偏差。

黄石砚始于何时，历史似无明确记载。有说黄石砚始于汉，盛于唐宋，至今有2000 多年的历史。

宋代著名书画家米芾在《砚史·唐州方城葛仙公岩石》中明确记载："向日视之，如玉莹，如鉴光，而著墨如澄泥不滑，稍磨之，墨已下……良久墨发生光，如漆如油，有艳，不渗也，岁久不乏，常如新成，有君子一德之操。色紫可爱，声平有韵，亦有淡青白色。如月如星而不晕。"这就是说，北宋米芾所在时代，河南方城县的黄石砚已为砚林中名品。

相传，北宋曾任户部侍郎、工部尚书的李之纯得一方方城石砚，视为至宝，后送好友、书法家黄庭坚。黄庭坚得砚后，曾有诗一首《次韵李之纯少监惠砚》，诗中有几句如下：

探囊赠砚颇宜墨，近出黄山非远求。
乃知此山自才美，物欲致用当穷搜。
迷邦故令成器晚，不琢元非匠石羞。

这也从侧面证明，米芾《砚史》对方城石石砚的评价不谬。

明代人马愈撰《马氏日抄·方城石》载："鬻工林旺携一玉砚求售，上圆下方，色淡紫，温润有光，背有文曰：'紫玉'，古篆书也。予向日视之，其莹如鉴，以墨磨之，腻而不滑，墨随手下。即有范生语之曰：此非玉也，乃方城石耳。"这就是说，明朝的中前期，黄石砚仍然是中国文人推崇的砚台。

明末清初人余怀在《砚林》中记述：“淮海张邦基云。砚之美者无出端溪之右，而唐彦猷作砚录乃青州红丝石为冠。米元章则以唐州葛仙翁岩石为冠。”

方城砚石生成年代为寒武纪，系浅海相泥质沉积地层。砚石的莫氏硬度在2.6～3.0度之间。构成砚石的物质成分有泥质绢云母、绿泥石、石英、赤铁矿等。岩石致密，细腻，矿物颗粒均匀，粒径一般在0.01～0.03毫米。

方城黄石砚的矿物结构决定其石质温润如玉，若婴儿之肤，美人之肌；手抚光滑细腻，贮水不涸，乃发墨；观之色艳可爱，敲之声平有韵。

黄石砚色泽喜人，已发现的有紫色、青紫色、青灰色等。在黄石砚品种中，紫红色的砚体中，散落着漂亮的“凤眼”的石品，更是珍贵无比。

由宋朝人杜绾编辑的《云林石谱》，是我国第一部论石的专著，被收入《四库全书》，杜绾以朴实无华的词句这样描述河南方城石：“唐州方城石，出土中，润而颇软。一淡绿、一深紫、一灰白、石质不堪细腻，扣之无声。堪镌为方斛器皿，紫者亦堪做砚，颇精致发墨。”

（二）河南济源天坛砚

毛泽东主席的文章《愚公移山》的面世，使原本并不很出名的《列子·汤问》中愚公移山的故事，在我国家喻户晓。《列子·汤问》中所记述的王屋山，位于现河南省济源市境内。天坛砚石就产于王屋山主峰——天坛峰下的盘谷泉畔，所以世人也称其为天坛砚。更具体地说，因砚石开采于天坛峰下的盘谷泉岸的岩石之中，故也被世人称之为“盘谷砚”和“盘砚”。

《黄帝内传》曰：“乃有筑坛事，是为其制起自黄帝。”相传在距今5000年前，中华始祖轩辕黄帝在南有华盖峰、北依灵山峰、东有日精峰、西有月华峰的王屋山主峰，设坛祭天，求上苍保佑风调雨顺，国泰民安。这个坛被称为“天坛”，设坛的这个主峰也就被称为天坛峰。所以，来自大名鼎鼎的天坛峰下的砚石，制成砚后就被称为天坛砚了。

据传，天坛砚的出现有2000多年的历史。天坛砚较早的文字记载，出自唐代韩愈《天坛砚铭》。此砚铭使天坛砚闻名遐迩，全文如下：“儒生高常，与予下天坛中路，获砚石，似马蹄状，外棱孤耸，内发墨色，幽奇天然，疑神仙遗物。宝而用之，请予铭焉，铭曰：仙马有灵，迹在于石，棱而宛中，有点墨迹，文字之祥，君家其昌。”

这是笔者见到的至今最早对天坛砚的文字记载。韩愈生于公元768年，卒于824年。

如此算来，韩愈给天坛砚作铭，应在1200年以前。说天坛砚至少有1200年历史是正确的。

1986年，在济源市梨林乡汉墓考古发现一方四龙盘古砚。这是迄今发现最早的天坛砚，这方天坛砚的发现，把相传天坛砚距今2000多年历史的说法，变成了事实。

清人谢慎修《谢氏砚考》记载："盘古，即李愿隐居处，产石可为砚，亦具蕉白，青花，玉带，金线，状可与新坑端石混，唯发墨稍粗，石易剥落。故逊端产。盘古在济源北二十五里。"

《谢氏砚考》中提到的李愿，为唐时的一个隐者，为唐宋八大家领军人物韩愈的朋友。韩愈一篇《送李愿归盘谷序》，使李愿这个隐者声名鹊起。然而1000多年来，历代文人所注重的是韩愈老先生文章的文采，而忽略了李愿的生存行迹。也可能李愿是真正的隐士，其早已隐遁到人们的视线以外，过其休闲自得的隐居生活去了。

无论如何，韩愈的《天坛砚铭》和《送李愿归盘谷序》，让河南济源的天坛砚真正做到了名扬天下。

清代大文学家纪昀《阅徽草堂砚谱》中，一方天坛砚上的铭文，是这样写的："石出盘涡，阅岁孔多，刚不露骨，柔足任磨，此为内介而外合。"铭文把天坛砚刚柔并济的特点表述得恰到好处。也说明直到清代，文人士大夫仍对天坛砚情有独钟。

地质考察结果告诉我们，天坛石砚矿的地质年代为寒武纪时代。沧海桑田的地质变化，造就了天坛砚的独特性。盘谷曾是一片汪洋，后因地壳变动，地面隆起，成为山脉。海水中大量的泥灰沉积物，在高压之下，逐渐形成岩。天坛砚石也就随着其他岩石形成而形成。所以，天坛砚石是典型的沉积岩。

天坛石中含有绿泥石、方解石、绢云母、黑云母、石英、黄铁矿等物质。正是因为这样的地质结构，造成天坛砚石的色彩多样性和石品花纹的多样性。迄今发现的天坛石色彩有麦叶绿、柳芽黄、三彩石，也有天蓝、红墩、青斑和瓜子石。在这些品种中，人们一般把麦叶绿、三彩石、青斑和瓜子石砚视为珍品。

天坛砚雕刻师告诉我们，天坛石存在于太行山脉王屋山断层岩石深处，岩石层裸露于断层处。工匠靠经验可发现上好的适于制砚的石料。现存的开采的石坑有盘谷坑、天坛坑、砚山坑及黄龙坑等。

天坛砚的石质优良，堪比端、歙。砚石石质坚润细腻，坚而不脆，柔而不绵，纹理细密。砚石绿如碧玉、黄如琥珀、蓝如青天、红如落霞。制成成品砚后，下墨如飞，发墨如油，着墨不涩不滑，切墨温和，不急不躁，让你感到恰到好处。

天坛砚的石品花纹多姿多彩。由于绿泥石和方解石的变化，天坛砚出现类似端砚的金线、玉带；石英、绢云母和黑云母的存在，使得天坛砚会出现金星、黑斑，尤其可出现类似洮河砚那样的波涛纹。

现代人物画大师范曾先生颂天坛砚："补天所遗，泽被书林；妙哉盘谷，惠成古今。"

三、宁夏贺兰砚

在我国宁夏回族自治区西部与内蒙古自治区交界的贺兰山，南北长约 220 千米，东西宽度 20 ～ 40 千米，主峰海拔约 3350 米。从秦朝蒙恬戍边到汉名将抗击匈奴，再到成吉思汗与西夏之战，乃至明、清时期，贺兰山在中华民族的融合之中，都曾经是战争之地。就在这 2000 多年间历经战火的地方，在贺兰山中，产出了名满天下的砚石，用它为基材制成的砚台，称之为贺兰砚。

清乾隆四十五年编纂的《宁夏府志》地理山川部分记载："笔架山，在贺兰山小滚钟口，三峰矗立，宛如笔架，下出紫石可为砚，俗呼'贺兰端'。"这是目前史料查到的关于贺兰砚较早的记载。

贺兰砚应创制于清朝康熙年间。该砚石开采于贺兰山东麓，因地名而得名。

也有人说贺兰砚有超过千年历史。他们把"蒙恬制笔"与贺兰砚联系在一起。蒙恬为秦王朝名将，受命率三十万大军屯垦于西北，包括宁夏地区的黄河两岸。传蒙恬"以柘木为管，鹿皮为柱，羊皮为被"制造出我国第一支秦笔。故人们推论，既然有毛笔产于西北贺兰山附近，那么在笔生产的地方——贺兰山麓也应有砚台应运而生。于是人们就认定秦时就应有贺兰砚出现。这只应被看成传说，因为并无实物为证和史书记载。

有文字记载的贺兰砚制砚，最早的还是清朝乾隆时期的《宁夏府志》。也就是说，我们在认定贺兰石砚产生年代时，还是应确定为清乾隆时期或早到清前期，最早也就是明代了。即至今有三四百年历史。在中国的名砚中，贺兰砚应为出现较晚的。

现代地质科学向我们提供信息：贺兰石是在距今 13 亿年前的震旦纪中前期形成的，是由地层中的杂色砂岩，经过漫长岁月的孕育，在自然应力的锤炼下，加上诸如锰、铁、锌等元素的逐渐渗透而成。矿物分析给出的贺兰石组成为粉沙质泥质黏板岩，属于水成岩。主要矿物成分为黏土矿物，且黏土矿物仍保持着隐晶状。矿物组成中主要有绢云母、石英、斜长石、绿泥石、锐钛矿、氧化铁等物。

由于大自然的恩惠，产于贺兰山的砚石料，质地细密，清雅晶莹，刚柔相济，软硬适中。雕成砚台后，石料不吸水，下墨和发墨不让端、歙，且不伤笔毫。砚台呈深紫色和豆绿色，有的还有玉带、云纹、眉子纹，银线和石眼等石品花纹。有的贺兰砚，更是巧借石品俏色，雕成后紫（红）绿相间，交错辉映，色彩反差鲜明，的确让人赏心悦目。有的砚台质地细致，古雅沉稳，晶莹滋润，刚柔相济，叩之有声。诚如董必武所赞赏的：

色如端石微深紫，纹似金星细入肌。
配在书房成四宝，磨而不磷性相宜。

四、河北易水砚

风萧萧兮易水寒，壮士一去兮不复还。
探虎穴兮入蛟宫，仰天呼气兮成白虹。

据《史记·刺客列传》记载，荆轲在易水河畔，在高渐离击筑声中，与燕太子丹及送行人告别时，放声而唱的这首慷慨悲歌，成了千古绝唱。“自古燕赵多慷慨悲壮之士”的说法，也成为中华民族的认知。

这里所提到的易水，是源出河北易县的西北，东流汇入南易水，共同注入拒马河的北易水河。拒马河又流入大清河，最后入海河而倾入渤海。易水河分三水，即南、北、中易水河。三条河中，最长不过百里余，却因荆轲刺秦王而名扬四海。河北易县，古亦称易州。春秋战国之时，曾作为燕国的都城。燕下都遗址，就在今易县城的南部郊区。

享誉国内的河北易水砚石材，就产在易县境内的终南山黄伯阳洞和韩湘子洞。黄伯阳洞在易县城西 30 千米药柱山中，相传为战国方士黄伯阳修炼处，至今洞窟尚在。韩湘子洞也在终南山中。

有人引用《易州志·墨史》这样记载：“早在唐代，易州人奚超父子在易水河上游终南山黄伯阳洞与韩湘子洞，发现了上好的制砚材料。”以期证明在奚超南迁时，把易水砚的制作技艺南传到歙州，出现了歙砚；又进一步传到广东肇庆，又出现了端砚。故而易水古砚被视为石质砚的祖先。

笔者查遍了天一阁藏明弘治《易州志》，明确记载为：“奚鼐本州人，与其弟鼒、子超辈，家传墨法，制极精巧。后超与其子廷珪自易渡江，迁居歙州，南唐赐姓李氏。”弘治《易州志》未见有奚家父子在终南山黄伯阳洞和韩湘子洞发现上等砚石记载。世存历代《易州志》版本各有差异，笔者不可能悉数查询。唯明弘治为中兴之君，弘治本《易州志》应有一定权威性。如本州人氏发现上等砚石并制成易水古砚，照理应与记载其制墨一样，记载在《易州志》中。

元明时期陶宗仪所著《辍耕录》载："至唐末，墨工奚超与其子廷珪，自易水渡江，迁居歙州，南唐赐姓李氏。廷珪父子之墨，始集大成。然亦尚用松烟。"陶宗仪也只记述奚氏父子的制墨，而未提奚氏父子也会制砚，且把制砚之法传到歙、端产地。

1999 年完成的《易县志》记载：南唐（937—975 年），易州造墨名家奚超、奚廷珪父子携家至安徽歙州居住，以造墨为生。南唐赐姓李，世为墨官，至宋称其墨"天下第一品"。也未见奚家父子同时也制砚之说。

收藏古墨的朋友，曾不鲜见歙墨的制造者明确说明，该墨是遵循易水古法而制造，而从未曾见到歙、端之砚是遵循易水古砚方法而制作的说法。

查遍古今论砚之说，大多把端砚出现的年代确定为唐武德（618—626 年）年间，把歙砚的出现年代定位在唐开元（713—741 年）年间。而南唐在中国历史上存续年代一般定位为 937—975 年。南唐距端砚出现年代相差 300 年；南唐距歙砚出现年代应晚 200 年。历史年代告诉我们，比端砚出现晚 300 年，比歙砚出现晚 200 年的奚家制墨父子是不可能南迁后向歙州人和肇庆人传授制砚技艺而创出歙砚和端砚的。

为此，笔者至少迄今不能认定端、歙砚台是师承易水制砚而来的。奚家父子南迁制墨之时，同时把易水古砚制造之法传入歙，又传入肇庆，从而得出易水古砚是中华石质砚之祖先的说法，只不过是一个传说而已。但这并不影响易水砚的名气。

易水砚石，是我国较早出现的石质砚台之一。时至今天，在历次砚台的评级活动中，河北易水砚在全国的排名，很少在前十名之外。

2006 年 4 月至 6 月，北京文物研究所和易县旅游文物局，对南水北调工程中发现的易县南北林东汉墓区出土的汉代玉黛石板砚台研究，认为这是迄今为止发现的最早的古代易水砚。该玉黛石砚板的石品花纹与现代开采于易县西峪山的砚石相同。该汉代出土墓地距离古易水砚产地台坛村仅 4 千米。

该东汉墓出土石板砚的研究，使易水砚的最早出现年代确定为汉代，与人们认知的易水砚"始于战国，兴盛于唐宋"，是基本相符的。

易县位于河北省西部，西靠太行山东缘，东临华北平原西北边际。易水砚矿石为浅海相生物碎屑沉积型。矿体为含铁高岭石、水云母粘土岩。一般呈紫灰、浅绿色、紫翠色泥质结构，致密块状构造。岩石主要由高岭石黏土矿、铁质、隐晶质、水云母、粗砂（石英）组成。水云母矿物以水白云母为主，高岭石次之。矿石结构细腻，色泽柔和，有"光如肌肤，润泽如玉，质细如肌，刚柔相济"之美誉。

易水砚品种多样，主要有：

1. 紫翠石

砚石为漂亮的紫红色，制成砚台后，砚体上可见淡绿色、浅黄色和白色的眼。眼的大小分布不均，疏密各异，像在紫色的砚体上嵌入翠玉一般。故称为紫翠石。紫翠石质地细密柔腻，坚韧兼备，硬度适中，纹理与整个砚体浑然天成，美丽异常。紫翠石砚台下墨快，发墨细润，不伤毫。对于惯用大笔书写的书家，拥有一方紫翠石大墨海，将是一件十分惬意的事情。

2. 玉带石

易水玉带石呈灰褐色、紫色和绿色，层次分明，这自然形成的层次和千姿百态的图纹，往往被砚工施以巧雕，雕塑成意想不到的造型，成为爱砚者追逐的特殊工艺品。

3. 邵灰石

在著名的紫翠石产区东北大约 4 千米，有一座名为东邵的山上，产出一种青灰色的岩石，可用来制砚，当地砚工称其为邵灰石。

邵灰石上点缀着淡绿色斑点，被称之为眼。东邵灰石，主体颜色为青灰，大小绿眼不规则分布，倒也增添了砚台的情趣。邵灰石被评价为质地细腻，下墨快如飞，发墨润如油。

古老的易水砚，如今又得到发展，古老的易水河畔，制砚工厂不断出现，古老的制砚村落又焕发了新生。

1978 年，中日友好协会会长廖承志先生访问日本时，以河北易水砚作为国礼赠送日本首相大平正芳，悠久的中华文化，曾在日本引起了社会轰动。

1982 年，当代著名书法家启功先生曾赋诗颂易水砚：

易水潇潇，砚底波涛，笔歌墨舞，功在柔毫。

五、瓷　砚

陶瓷器是中华民族的一项伟大发明。陶瓷器的使用是伴随着中华民族的文明不断发展而发展的。考古资料显示，如果从商代的原始瓷器算起，我国的制瓷史应不少于 3000 年。

青瓷釉为含铁 1% ～ 3% 的釉。一般的制瓷原料都会含有铁元素，因而烧成的釉彩，其实就可以被看成青釉。

青釉是因为烧成的釉色为青绿色而得名。从商代出现的青瓷釉到三国、两晋、南北朝得到不断发展。从东汉时期到三国、两晋，青瓷的生活用具开始走进普通人生活的时候，青瓷砚就出现了。

南京碧峰寺吴墓出土一圆形青瓷砚，该砚直径 12 厘米，高 2. 8 厘米，周边起砚墙，砚盘较浅。砚有三足，砚面和砚底无釉，其余部分施青釉。

1992 年秋到 1996 年春，考古工作者分三次在江西丰城境内发掘洪州窑址时，发现了青瓷壶、盆、高足盘和圆形瓷砚等物。证明洪州窑从东汉晚期至隋、唐、五代，一直在烧造青瓷，丰城洪州窑被一些陶瓷研究者认为是中国青瓷的发源地。

在我国南京，还有大量的考古发现均可证明，中国的瓷砚始于东汉及三国、两晋时期，并延续到隋唐、五代时期。

在大量使用石砚的唐以前，陶瓷砚应是我国文人用砚的主体。因此可以说，到唐宋时期，瓷砚发展达到鼎盛。以后的元、明、清各时期仍有生产和制造。但因为石砚的广泛使用，且石砚有较明显的优良品质，用瓷砚研墨，已经逐渐减少。这时，瓷砚在文人中的存在，不过是书斋中的赏玩器了。

全国各地出土的瓷砚，种类繁多，式样各异。早期瓷砚制造简单，多为圆盘状，后发展成圆盘中间研墨处高，而周围环形砚池，作为贮墨之用。瓷砚一般下部有腿，腿从三条到十几条不等。腿的主要功能为保持砚面高度，以适应当时人们席地而坐的风俗，以使砚用起来方便。唐以后人们不再席地而坐，砚的使用在书桌之上时，瓷砚的腿自然也就逐渐消失。

随着制瓷业的发展，釉面质量、颜色也不断多样化，更多外观漂亮的瓷砚涌现，也确实改变了书案的面貌。清早期词人、藏书家、浙江省西部词派创始人竹坨在《曝书亭集·古林哥窑砚铭》中这样论述："丛台澄泥邺宫瓦，未若哥窑古而雅；绿如春波渟不泻，以石为之出其下。"在砚铭作者看来，宋哥窑烧制的瓷砚，比所有澄泥砚和瓦砚都要古雅，就是石砚也在其之下。这就是说，在清朝早期，颜色漂亮的瓷砚，仍有崇拜和爱好者。但在笔者看来，竹坨先生其实也只不过是喜欢把玩而已。如果他把瓷砚和上等端石砚磨墨比较一下，高下会立见。这是不争的事实。

元代以后，青花瓷得以发展，青花瓷砚也逐渐作为瓷砚的主流。特别是明清两代，青花瓷砚几乎在瓷砚中一统天下。

第三章

中国砚台发展史上两宗公案

一、端、歙之争

关于中国石砚的演变历史，赵汝珍在《古玩指南》中记载："夫以石为砚，以前就有行之者。《从征记》云：'鲁之孔庙有石砚一枚，甚古朴，孔子平生时物也'。"

但石砚的大量使用，应在唐代以后。诚如《古玩指南》记载："经唐之世，用瓦砚仍多，用石砚者仍为少数也。乃宋之时，士林所用之砚，已瓦石各半矣。"

所以，在唐时，士大夫以用石砚为时尚，特别是对于端石材质的砚台，更是推崇备至。有代表性的是"诗鬼"李贺的《杨生青花紫石砚歌》："端州石工巧如神，踏天磨刀割紫云。佣刓抱水含满唇，暗洒苌弘冷血痕。纱帷昼暖墨花春，轻沤漂沫松麝薰。干腻薄重立脚匀，数寸光秋无日昏。圆毫促点声静新，孔砚宽顽何足云。"

对端砚称颂的唐代名人很多，如刘禹锡、陆龟蒙、皮日休、褚遂良等。可见端砚在唐时，至少在士大夫阶层，已被认为是上好的石质用砚。

可能是歙砚出现的比端砚晚的原因。在唐代早、中期，称赞歙砚的著名历史人物比称赞端砚的少，但也不乏其人。

唐咸通年间文学家李山甫有《古石砚》诗赞歙砚："追逐他山石，方圆一勺深。抱真唯守墨，求用每虚心。波浪因文起，尘埃为废侵。凭君更研究，何啻值千金。"这里的"波浪因文起"可理解为称颂的是歙罗纹砚，在唐代，"文"和"纹"是可以通用的。可见，龙尾山歙砚在当时已被士大夫阶层使用。

唐代李肇的《唐国史补》载："凡货贿之物，侈于用者不可胜纪。丝布为衣，麻布为囊，毡帽为盖，革皮为带，内邱白瓷瓯，端溪紫石砚，天下无贵贱通用之。"

从以上史料记载可以看出，唐代中前期，人们似乎并没有可以对端歙的高下进行比较，而大多只限于对端砚和歙砚的肯定和称颂。对这两种石质砚台的称颂中，对端砚的称颂多一些。特别是李肇的"端溪紫石砚，天下无贵贱通用之"的结论，进一步说明在唐时，端砚的适用范围更广泛和普通。

这是否可以理解成，唐朝初期，端砚出现；唐朝中期歙砚问世。文人、士大夫阶层所关心的是尽快用上称心应手的石质砚台，因为这两种石质砚台的研墨功能，发墨质量的综合考量，远胜于以前所用的瓦砚和陶砚。

晚唐书法家柳公权论砚："蓄砚青州为第一，绛州次之，后始端，歙，临洮。"在端、歙石砚出现一二百年后，柳公权仍然认为绛州的澄泥砚为蓄砚重要品种，逐渐向端、歙和洮砚过渡。这也从一方面证明了唐朝时期仍以澄泥、瓦、砖砚为主。

唐中晚期，与诗人白居易相友善的刘禹锡有《紫石砚诗》："端溪石砚人间重，赠我因知正草玄；阙里庙中空旧物，开方灶下岂天然。玉蜍吐水霞光净，彩翰摇风绛锦鲜；此日佣工记名姓，因君数到墨池前。"

"端溪石砚人间重"，是说当时的人们注重端砚，也可以理解为大众认为端砚质量更好。

到了唐以后，人们对端砚和歙砚的评价开始发生变化，对其优劣比较开始出现。

被录入《四库全书》、留名青史的《东谷所见》的著作者——宋人李之彦在其所著《砚谱》中记录："李后主留意笔扎，所用澄心堂纸，李廷珪墨，龙尾石砚三者，为天下之冠。"根据李之彦的记载，李后主明确把歙砚（龙尾石砚）封为砚材中天下第一。

宋代欧阳修《砚谱》记载："端溪以水岩为上，龙尾以深溪为上。较其优劣，龙尾远出端溪之上，而端溪以后见贵尔。"

宋代赵希鹄在其《洞天清录》中说："世之论砚者，皆曰多用歙石，盖未知有端溪。殊不知历代以来皆采端溪。至南唐李主时，端溪旧坑已竭，故不得而已取其次。歙乃端之次，其失一也。"

宋代词人、政治家叶梦得《避暑录话》载："歙州三物（墨纸砚）砚久无良材，所谓罗纹，眉子者不复见，唯龙尾石捍坚拒墨，与凡石无异。欧阳文忠作《砚谱》，推歙石在端石之上，世多不然之，盖各因所见尔。方文忠时，二地旧石尚多，岂公所有适歙之良而端之不良者乎？"

北宋唐积《歙州砚谱》记述："婺源砚在唐开元中，猎人叶氏逐兽至长城里，见叠石如城垒状。莹洁可爱，因携之归，制出成砚，温润大过端溪。"

宋代著名诗人、书法家黄庭坚《砚山行》载："不轻不燥禀天然，重实温润如君子。日辉灿灿飞金星，碧云色夺端州紫。"明显认为，歙砚质佳，超过端砚。

宋代唐询《砚录》载："青州红丝石，一；端州斧柯石，二；歙州婺源石，三；……"把端石放在歙石之前，明确认为端质更优良。

宋代人苏易简《文房四谱·砚谱》："今歙州之山有石，俗谓之龙尾山，匠铸之砚，其色黑，亚与端。”

明代人高濂所著《遵生八笺·论砚》记述：“砚为文房最要之具。古人以端砚为首，端溪有新旧坑之分。”

清朝初期著名兰竹花卉画家，官至太常少卿的钱朝鼎《水坑石记》载：“论砚者必首端石，而石则以色纯而润，质坚而细，叩之铮铮者为上。”

明人陆深撰《春风堂随笔》，对歙砚评价：“歙石制砚，识者以为在端溪之上。”

清朝著名教育家彭瑞淑说：“昔日评砚者有三，青州也，端溪也，歙也。而品端于次。”

祖籍歙州，清中前期著名学者，有《青溪集》传世的程廷祚诗句云：“一生多被端溪误，老去方知歙砚佳。”

清代徐毅《歙砚辑考》载：“凡石质坚者必不润，润者必有滑，唯歙砚则嫩而坚，润而不滑，叩之有声，抚之若肤，磨之如锋，兼以纹理灿烂，色拟碧天，虽用积久，涤之略无墨渍，此其所以远过端溪也。”

清朝中期，在对端砚和歙砚的评价争论中，曾有重量级人物参与之中，现从纪昀的《阅微草堂砚谱》中，可窥之一二。

纪昀在其收藏的一方砚上题铭：“冶亭（铁保）尝言，石庵（刘墉）论砚贵坚老，殆为子孙数百年计，余则谓嫩石细润用之最适。”从这一砚之铭可知，刘墉主张砚要“坚老”，铁保认为“嫩石细润”为妙。双方观点分明。

纪昀另一方砚铭：“石庵议砚贵坚老，听涛论砚贵柔腻。两派之争，各立门户。余则谓其互有得失，均未可全。”纪晓岚自己则认为：“凡能宜墨，即中砚材。”这就告诉我们，在清乾隆时期，士大夫仍在进行着端、歙之争。

刘墉为官清廉刚正，在查办山东巡抚国泰贪腐及和珅贪腐案中，秉公办事，因此有刚正方直之誉。刘墉字号石庵，是自勉以石头一样刚毅为人、为官。其在用砚上主张“论砚专尚骨”“坚而不顽”，也就不奇怪了，性格使然，人性如砚性。刘墉喜爱的其实是歙砚。

铁保做到两江总督，与成亲王、刘墉、翁方纲并称为清中期四大书家。这种大人物都参与了“砚贵坚老”和“砚贵柔腻”之争，其实质是千百年来中国文人中端、歙之争的延续。在这个论战中，清醒者若纪昀，却采取了与两派不同的认知，认为两派“互有得失，均未可全”“凡能宜墨，即中砚材”。其实质是第三种观点。

自唐朝至今的1000多年中，中国文人对端砚和歙砚的优劣之争一直未曾停歇过。尤其是在唐中晚期之后，争论趋于明朗化。对此，我们是否可以得出这样的结论：尽管自唐中晚期始，至少士大夫阶层已经基本上形成了端优于歙的主流认知，但直到宋代，才最终形成端砚第一，歙砚次之，然后其他材质砚台的主流认识，并且这一认识直到今天未曾变化，同时，在这 1000 多年中，不同的声音确也未曾停止。

这是什么原因造成的呢？我们认为：

其一，是人们的习惯造成的。人们的习惯势力往往主导人们对一些事情的认知。这同样适用人们对砚台的评价。文人对其长期使用的砚台已经熟悉，其研墨时感觉及对日常研出墨汁的使用，都已然得心应手且形成习惯。当一种新的砚台出现时，他们第一感觉是与以前的不一样，且没有以前用得随意和顺手，这就是习惯势力的可怕。

其二，端砚和歙砚这样的一类物品，它们均不是出自某一确定的坑口，而是不同坑口产出石质做成砚台的统称。而各坑口产出的石材，个体上材质可能相差很远。换一句话说，即端砚这一家族中，各坑口矿石质量参差不齐。歙砚这一家族中，各坑口矿石质量也是千差万别。在没有现代科学分析方法的古代，很难比较出端石好，还是歙石妙。

与西泠八家之一——奚冈交好的清朝著名文人，有《端溪砚石考》存世的计楠曾论道：“昔人论砚多矣，所见异辞，所闻异辞者，何也？盖以研坑之出，有古今不同，上下各别。一代有一代之优劣，一时有一时之好尚。古不必胜于今，今不必远逊于古也。”

其三，就端、歙古砚而言，传至今日，存世以端石为多，这从《西清砚谱》的收录可窥一斑。《西清砚谱》收录的石砚中，端砚的数量远大于歙砚，其结论可能是：历史上端砚的民间使用量大于歙砚的使用量，其后世的存留中，端砚的幸存者也就多于歙砚了。

从存世的历代关于砚的论著中也可以发现，端砚从出现到近代，很少有长时间停采现象。反观歙砚，从宋以后，曾出现几次采石停顿现象。据有人估算，宋以后，歙砚主要坑口停采石料竟有五百年之久。这就影响了歙砚在社会上使用的广泛性。这也应该是造成千年来石砚以端为首现象的一个重要原因。

关于延续千年的端、歙之争，我们是否可以用古人的一句话作结论，那就是：端石如风流学士，竟体润朗；歙砚如寒山道士，聪俊清癯。

二、端石子石说

纵观历代砚论之书，主流观点认为，端石以水岩为上，歙石以深溪为上。即从古至今，端石为岩石，为岩坑开采；歙石可以深溪以卵石形态存在。

唐朝著名诗人李长吉诗云："端州石工巧如神，踏天磨刀割紫云。"自此，人们认为端石应以"端石尚紫"，且要登山取紫色之石，恰如登天而割紫云。

宋米芾在其撰《砚史》中云："岩有四：上岩，下岩，半边岩，后砾岩。余尝至端，故得其论详。下岩第一。"这就明确告诉我们，端石采自岩石坑中。

"端州于今为肇庆府，山石多可制砚，唯水岩为上。"这是著名清代学者朱彝尊亲游肇庆后所说。

但是，从古至今的文人论砚中，认为端石砚产于子石者，也不在少数。

宋欧阳修《砚谱》云："端石出端溪，色理莹润，本以子石为上。子石者，在大石中生，盖精石也，而流俗传讹，遂以紫石为上。"

宋蔡襄纂《文房四说》记录了端石的卵石说如下："端州崔生之才，居端岩侧。家蓄石工百人，岁入砚千数，十年无可崔意者。一日，工者于后岩百丈坑剖石，得紫龙卵。其里人来观者持羊酒贺，造成砚，长尺，广减十之四；厚重宽平，开匣粹润，若有德君子；上下眼各四，当中晕七，里又有文；表里无纤瑕，微近手则润泽，可劘墨矣。崔抱砚辄忘寝食者，久之；念奇宝不可私藏，其谁当之？不远千里，授使者以来遗。予斋戒发封，诹吉日，以澄心堂纸，李廷珪墨，诸葛高鼠须笔为之记。"

宋人赵希鹄《洞天清录·古砚辩》："端溪下岩旧坑，卵石黑如漆，细润如玉，叩之无声，磨墨亦无声，有眼，眼内有晕……，下岩旧坑又一种卵石，去膘方得材，色紫青黑，细如玉，有花点如筋头大，其点别是碧玉清莹，与砚质不同。"唐吴淑《砚赋》："所谓'点滴青花'是也，故名'青花子石'，今讹为青花紫石，李长吉已讹作'紫'

字，其实未尝紫色。青黑之中，或有白点如粟，排星斗异象，水湿方见，叩之无声，磨墨亦无声，此品南唐时已难得，庆历间坑竭。”

著名学者，与陈恭尹、梁佩兰并称岭南三大家，有“广东徐霞客”美称的清人屈大均的《广东新语·石语》记述：“昔人取石，留数柱虞其颓圮，今各为东留柱，西留柱，亦取之以木代柱矣。凡石外皆有粗石，粗石内连膘，剖膘乃得石……，此乃石在穷渊，水之所凝，云之所成，玉而非玉，冰而非冰。水为其气，云为其神，其石之质，欲化而冰之体已坚，此真端溪之精英，其价过于瑶琼者也。凡香有结，石亦然。香木之结者为香，端石之结者为研。其石大至数尺，去其不结者，取其结者，仅得掌许，故研之大而佳者最难得。通水岩中石之结者无几，非片片皆精好也。”

被列入《四库全书》的宋人苏易简所作《文房四谱》有以下记述：“魏甄后少喜书，常用诸兄笔砚，其兄献之曰：‘汝欲做女博士耶？’后曰：‘古之贤女，未有不览前史以观成败。’或云：‘端州石匠识山石之脉理，凿之五七里得一窟，自然有圆石青紫色，琢之为砚，可值千金，故谓之于石砚窟。虽在五十里外亦识之。’”

梅山周氏的《砚坑志》在讲述水岩时，特别提道：“其石之可砚者仅一线，如金银矿之砂路，上下四旁俱黄色粗砺，如人工垒堤修路之物。而一线之物又必有如膜如膘包之络之，去膜去膘，然后得石。”

《砚林脞录》引明人曹昭《格古要论·古砚论》：“端溪下岩旧坑石，大至数尺，追琢去胞络黄膘方得璞中砚材，即世所谓子石也。”

《格古要论·古砚辩》在写到端溪中岩旧坑石时，又有如下表述：“此种亦是卵石，外有黄膘包络，叩之无声，磨墨亦无声，久用锋芒不退，不假磨砻。”

《春渚纪闻·记砚》有关丁晋公石子砚记载：“一日，砚工见有飞鹭翘驻潭心，意非立鹭之所。因令没人视之，见下有圆石大如米斛，块处潭中，似可挽取。疑其有异，即以白守。集渔户维舟出之，石既登岸，转仄之间，若有涵水声。砚工视之，贺曰：‘此必有宝石藏中，所谓子石者是也。相传天产至珍，滋阴此潭，以孕崖石，散为文字之祥。今日见之矣’。即从手攻剖，果得一石于泓水中，大如鹅卵，色紫，玉也。中剖之为而二砚。”

明朝人高濂所著《遵生八笺·论砚》载：“欧阳公以端之子石为佳，以子石在大石中，为石之精，其发墨光润，贮水不耗，为可贵尔。”

综合分析古人对端子石的说法，尽管不同历史时期人们说法各一，其实总的来看，只有两种：

1. 认为子石在大石之中，子石为石精

持有该种说法的，一般认为大石为卵石，剖开后会有子石出现，做成的砚为子石砚。

欧阳修、赵希鹄，包括蔡襄等均相信该种说法。破解这一说法是否存在的难题是，古籍有记载，且在古籍中不是偶然一次出现，让后人无法否认端子石的存在。可是今人又无法证明子石砚的存在，也就无法完全确定这砚石就是卵石制成的。更何况，世界上现在很难找到一方传承有序的端砚，可从其本身传承信息上，确定为卵石中石精所制成的子石砚。

故此，大石之中，精石所制子石砚的说法，因只有古籍记载，而无实物为证，将成为继续传下去的千古之谜。

2. 去大石胞络，取其石肉制成的砚为子石砚

如大量古籍记载，从坑口开采出的矿石，往往带有围岩。这是因为，端石老坑矿脉一般很窄，很薄，60 厘米已经是厚的矿脉，常常只有 30 ～ 40 厘米的厚度，甚至更薄的矿层。工人在开采时，为尽量得到更多矿石，常把与矿石相连的围岩一起开采出来，然后再细心地剔出围岩（胞络、黄膘），而取得砚石。或干脆制砚时保存一些不影响制作砚台的胞络，黄膘与砚台共存。梅山周氏《砚坑志》、明人曹昭《格古要论·古砚论》等力推以上观点。大量古端砚的实物也可以证明这种观点认为的子石砚是存在的。这种观点认为的子石，其实是经去除围岩后的精矿石，即现代制砚师称之为“纯石肉”，而不是所谓大石之中的“石精”。

综上所述，我们可以这样总结端石的子石说：子石生大石之中，子石为石之精的说法，在古籍中多有记载，但现存古端砚又不能充分证明真有大石中石精的存在。在端石坑口中开采出的带有围岩的矿石，去除胞络、黄膘后得到纯矿体称之为子石是可以的，且现存古砚中有大量这样的砚台实物。

第四章

爱砚趣闻

中国文人爱砚、玩砚、藏砚，伴随着砚台在历史上的发展而不断有人投入其中。流传的古人与砚之间的趣闻，不仅是口头传诵，也有大量的文字记载。自唐以来，几乎每朝每代都有故事出现。从这些故事中，我们可以看出，砚在文人的心目中，不仅是书写的工具，更是渗透到骨子里，成为一生不可或缺的终身伴侣。

1. 韩愈的《高君仙砚铭》

唐朝著名文学家、唐宋八大家的领军人物、官至吏部侍郎的韩愈，曾留下《高君仙砚铭》，内容如下："儒生高常，与予下天坛中路，获砚石，似马蹄状，外棱孤耸，内发墨色，幽奇天然，疑神仙遗物。宝而用之，请予铭焉，铭曰：仙马有灵，迹在于石。棱而宛中，有点墨迹。文字之祥，君家其昌。"

儒生，在唐时广义说，就是读书人。即使读书人做官后称为士大夫，仍可称为儒生。在这里，韩愈把时间、地点、人物交代得很清楚。说是某日带着学生——比他低级的官员高常到天坛山游玩。下山途中，高常得一砚石片，有砚台的功能，可称之为砚。

中华民族的先民们调和颜料最先使用的就是天然石片，达到贮水和研墨功能则可。有现代意义的砚台后，文人将只有贮水和研墨功能的天然石片称之为天砚，对其有特殊的爱好。他们往往认为，天砚是上天赋予的，是一生文运昌盛的象征。为此，韩愈为好友写了这个传诵至今的砚铭。

韩愈在当时可是大学问家。其家乡为河南河阳，即今河南省孟州。此砚铭对天坛砚的发展起了不可估量的作用。甚至到今天，河南名砚之一——中国河南济源市天坛砚的生存和发展，还在享受着韩老夫子的"仙气"。

2. 苏东坡得天砚

无独有偶，在宋代文坛上如雷贯耳的苏东坡，也与天砚有着不解之缘。

《东坡全集》卷九十六记载了天砚铭（并叙）："轼年十二时，于所居纱縠｛有人记载穀（谷也）｝行宅隙地中，与群儿凿地为戏。得异石，如鱼，肤润莹，作浅碧色。表里皆细银星，叩之铿然。诚以为砚，甚发墨，顾无贮水处，先君曰：是天砚也。有砚之德，而不足于形耳。因此赐轼，曰：'是文字之祥也。轼宝而用之，且为铭曰：一受其成，而不可更。或立于德，或全于形。均是二者，顾于安取。仰唇俯足，世固多有。'"

"元丰二年七月，予得罪入狱，家属流离，书籍散乱。明年至黄州，求砚不复得，以为失之矣。七年七月，舟行至当涂，发书笥，忽复见之。甚喜，以付迨、过。其匣虽不工，乃先君手刻其受砚处，而使工人就成之者，不可易也。"

苏轼的砚铭并序，让我们几乎像亲眼清楚地看到、体会到，苏轼对他十二岁时得到的天砚，是如何的喜爱并近乎有一种敬畏的感觉。他一生不管多么受苦受难，颠沛流离，也让天砚伴随自己。

3. 郑魁研铭诗

宋人何子蘧的《春渚纪闻》记录了一些文人爱砚故事。该书卷九的《郑魁研铭诗》记载："永嘉林叔睿所藏端石，马蹄样，深紫色，厚寸许，面径七八寸，下有郑魁铭诗。隶字甚奇云：'仙翁种玉芝，耕得紫玻璃。磨出海鲸血，凿成天马蹄。润应通月窟，洗合就云溪。常恐魍魉夺，山行亦自携。'研之妙美，尽于铭诗。而末句所寄，旨哉？"

砚铭中的"玉芝"，即为芝草（灵芝草），以色白如玉而名。《后汉书》思玄赋："聘王母于云台兮，馐玉芝以疗肌。"玻璃在古代是称水晶一样漂亮的东西，这里意指漂亮的玉石。铭文把此砚看成仙人种白灵芝，耕出了如玉一样漂亮的石头，即温润的砚石。这温润的石头被制成马蹄形砚台后，仙人在上天云溪中，以月窟中水洗涤。更妙的是，为了怕有人把宝砚夺去，随时带在身边，甚至上山旅行时也不忘亲自携带它。铭文活灵活现地把文人爱砚的神情展现在人们眼前。

4. 南皮二台遗瓦砚

宋人何子蘧的《春渚纪闻》还有一个故事，其卷九《南皮二台遗瓦砚》载："魏武都邺，筑三台以居，铜雀其一也，最为壮丽。后世耕者，得其瓦于地中，好事者斫以为研，号为奇古。欧阳文忠公尝得于谢景山，作歌以酬之者也。魏武既破袁绍于冀州。绍死，逐其子谭于南皮，筑台以候望其军，而名袁侯台。魏文帝与吴质从容游集于南皮，亦筑台以居，名宴友。至今南皮有二台故址在焉。人有得其遗瓦，形制哆大，击之铿然有声。吾之子，取其断缺者，规以为研，其坚与铁石竟，屡败研工之具，仅能窊低凹之。而特润致，发墨可用。知昔人创物制器，虽甚微者，皆所不苟，非后世之简陋也。此先君所序。而蓮铭曰：'方峥嵘焕奕于一时之盛兮，讵知夫隆栋必倾而华榱终折。泊毁掷埋委于千载之下兮，孰期乎澡泽荐藉而参夫文房四宝之例。盖物之显晦也有时，而事之兴废也常迭。遗材良而质美者，虽互千古兮，不随众物而湮灭。'"

文中提到的"欧阳文忠公尝得于谢景山，作歌以酬之者也"，在《欧阳修全集》中的《与谢景山书》有如下记载："昨送马人还，得所示书并〈古瓦砚歌〉一轴，近著诗文又三轴，不胜欣喜。……"欧阳修并作《答谢景山遗古瓦砚歌》一首。诗中，欧阳修以物寄情，纵论古瓦生产制造时期的政治历史变革。

欧阳修诗歌如下："高台已倾渐平地，此瓦一坠埋蓬蒿。苔文半灭荒土蚀，血战曾经野火烧。败皮弊网各有用，谁使镌鑱成凸凹。景山笔力若牛弩，句遒语老能挥毫。……"

小小瓦当，在古人眼中，存有千古兴衰之事情，古人做事不苟而发。隆栋必倾，华榱终折，而埋没千载处于沼泽的古瓦片，能荐藉而列为文房四宝之一，重新登华堂而步雅室，是因为材良质美之物，虽经历千古也不湮灭的原因。

5. 丁晋公石子砚

仍是在《春渚纪闻》中，有如下记载："黄叔几为余言，丁晋公好蓄瑰异，宰衡之日，除其周旋为端守，属求佳砚。其人，至郡前后所献几数百枚，皆未满公意。一日，砚公见有飞鹭翘驻潭心，意非立鹭之所。因令没人视之。见有圆石大如米斛块处潭中，似可挽取，疑其有异，即以白守。集渔户维舟出之，石既登岸，转仄之间，若有涵水声。砚工视之，贺曰：'此必有宝石藏中，所谓石子者是也。相传天产至珍，滋阴此潭，以孕崖石，散为文字之祥。今日见之矣。'即丛手攻剖，果得一石于泓水中，大如鹅卵，色紫，玉也。中剖之为而二砚， 送其一。公得之甚喜，报书云：'砚应有二，何为留一自奉，得无效雷丰城之留莫邪否！此为终合之物也。'守曰：'天下至宝，不可萃于一家，以启人之贪心。'托以解职后面献，而公以擅移陵寝事，籍其家矣。而砚不知所在。"

丁晋公，即宋朝时受寇准提携升为副宰相，寇准被贬后升为宰相的丁渭，乾兴年封为晋国公，世称丁晋公。此故事大意为，在丁渭主政期间，嘱肇庆郡守为其寻佳砚，前后共有数百枚砚献送，但丁渭无一满意。凑巧一日，砚工发现一飞鹭伫立在潭心中。砚工想，这潭心非飞鹭站立之所，定有蹊跷，于是让人去实地了解，发现有大如斛的卵石在飞鹭停驻之下方。于是报告郡守，让人运上岸。

在搬运中，大石中发出涵水之声。砚工大惊："必有宝石藏中！"剖开卵石后，内中果有一石藏于大石之中，大如鹅卵，剖开两片，制两砚，太守送其一砚给丁晋公。

文中"公得之甚喜，报书云：'砚应有二，何为留一自奉，得无效雷丰城之留莫邪否！'"这引用的是东晋初年史学家干宝编纂的《搜神记》中《干将莫邪》故事："楚干将、莫邪为楚王作剑，三年乃成。王怒，欲杀之。剑有雌雄。其妻重身当产。夫语妻曰：'吾为王作剑，三年乃成。主怒，往必杀我。汝若生子是男，大，告之曰，出门望南山，松生石上，剑在其背。'于是，即将雌剑往见楚王。王大怒，使相之：'剑存二，一雄一雌，雌来雄不来。'王怒，即杀之。"

本来关于干将和莫邪二剑的故事到此就结束了，但在司马氏当政的晋朝，却把《搜神记》中关于干将、莫邪名剑的故事继续演绎了下去。

在《晋书·张华列传》中，对干将、莫邪古剑的演绎是这样记载的：张华听说豫章人雷焕精通天象，就邀请雷焕与他同宿，近旁无人时对雷焕说："我们一起去巡查天象，可知将来凶吉。"二人登楼仰观天象。雷焕说："我已经观察许久了，在斗牛两星之间，很有异常之气。"张华随口问道："你看是何种吉祥之兆呢？"雷焕说："应该是宝剑的精气，上彻天庭。"张华又说："你说的很对！我少年时，有个相面之人对我说，当我年过六十岁时，将位极三公，并当得宝剑佩带于身。这话大概会得到效验的。"接着张华又问道："剑会在哪一郡呢？"雷焕答曰："在豫章丰城。"于是张华说："想委派你到丰城去做长吏，一起暗查此剑，不知可以否？"即补雷焕为丰城令。史称为雷丰城。雷焕到任丰城后，派人挖掘监狱地基，下挖到四丈深有余。发现一个石匣，光色异常。匣中置有双剑，剑上刻有文字，一名龙泉，一名太阿。在挖出剑的这天晚上，斗牛二星之间的紫气消失了。

雷焕用南昌西北岩下之土擦拭二剑，使剑的光芒艳丽四射，用大盆盛水，把剑放在盆上，这样看去光芒炫目。雷焕派使者送一剑和北岩土给张华，留一剑自己配用。有人对雷焕说："得到二剑而送一剑，瞒得过张华吗？"雷说："本朝要大乱，张公也要在乱中遭殃。此剑当悬于徐君墓树上。此为异物，终究化为他物而去，不会永为人所佩带。"

张华认为南昌土不如华阴赤土，写信给雷焕说："详观此剑刻文，此剑就是干将剑，与其相配的莫邪剑，怎么未送来？虽然二剑分离，天生神物，终将会汇合的。"并送雷焕华阴赤土一斤。雷焕以此土拭剑，更加精彩明亮。

张华被杀后，宝剑不知去向。雷焕死后，其子雷华为州从事。一次，雷华带剑过延平津（古渡名，在今福建省延平县），宝剑忽自腰间跳出，飞落入水中。雷华使人入水寻剑未果，但见二条龙，各长数丈，盘绕水中，身有好纹，片刻天色光彩照人，波浪大作，宝剑消逝。

雷华叹道："先父的化为他物之说，张华公的终将汇合之论，今日算应验了。"

唐朝诗人江遵曾有《延平津》绝句一首："三尺晶荧射斗牛，岂随凡手报冤仇。延平一旦为龙处，看取风云布九州。"

这就是说，唐代人们还在议论干将、莫邪双剑的神话故事。诗中"三尺晶荧"，指雷焕在丰城挖出的两口宝剑。"射斗牛"，指雷焕所说的斗牛二星。

这就是《晋书·张华列传》中记载的梗概意思。在此，我们可以看到，丁渭把太守只进一砚，而私藏另一砚的做法，比作晋时雷丰城只进一剑，而责问太守私藏另一半卵石做成的砚台。

文中"公以擅移陵寝事，籍其家矣。而砚不知所在"是指宋仁宗朝的一件事。

宋仁宗继位，太后听政。丁渭与宦官雷允恭相串通，擅改行文程序，奏章先送丁渭后，再送内庭，以达到挟持朝政之目的。雷允恭在主持修真宗皇陵时，与判司天监邢中和擅自移改陵寝，这是逆天杀头大罪。为此朝野"众议日喧"，而丁渭为庇护雷允恭，不作处理。最后，此事被人揭发，太后听后大怒，下令诛杀雷允恭。丁渭也被罢相贬为崖州司户参军。

这个砚材故事，还向我们展示了一个砚台千年收藏中有争议的公案。即端砚子石是否存在及子石在端砚中的地位。本故事确认端石有子石，子石生于大石之中。而子石的品质近乎珍品，在端砚中无疑为佼佼者。

6. 铸铁砚以立志

《新五代史·晋臣传·桑维翰》中记载："桑维翰，字国济，河南人也。为人丑怪，身短而面长，常临鉴以自奇曰：'七尺之身，不如一尺之面。'慨然有志于公辅。"初举进士，主司恶其姓，以"桑""丧"同音，人劝其不必举进士，可以从它求仕者。维翰慨然，乃著《日出扶桑赋》以见志。又铸铁砚以示人曰："砚弊则改从它仕。"卒进士及第。

南宋著名诗人陆游曾有《寒夜读书》诗："韦编屡绝铁砚穿，口诵手抄那计年。不是爱书即欲死，任从人笑作书颠。"

诗中“韦编屡绝”是一典故。“韦”是指熟牛皮，“韦编”是用熟牛皮绳把竹简串联起来。“绝”是“断”的意思。史载孔子为读《周易》多次翻断联系竹简的牛皮带子。“铁砚穿”典出桑维翰铸铁砚以明志。

自五代起，铸铁砚以励志的故事传诵至今。特别是南宋爱国诗人陆游“韦编屡绝铁砚穿，口诵手抄那计年”的千古绝句，以磨穿铁砚的精神励志读书，激励多少中华有志儿女为民族发愤图强。

7. 东方未明砚

清人谢慎修所著《谢氏砚考》记载明赵忠毅东方未明砚铭：“东方未明，太白睒睒，鸡三号，更五点，此时拜疏揭大阉。事成铭汝功，不成同汝贬。”这是何等壮怀激烈，赵南起一腔热血，胸中激荡的浩然之气，至今读来仍让人们历历在目。

赵南起，万历二年（1574年）进士，因品行廉洁，办事公正，在光宗继位后，被起用为太常少卿，左都御史，不久进为礼部尚书。因与魏忠贤等人水火不相容，后终被奸党所害。崇祯初年，赠太子太保，谥号“忠毅”。

在中华大地上，无论哪朝哪代，“忠臣赤子人人爱，奸臣逆子人人恨”。赵南起砚铭的大义凛然、浩然正气和其在朝为官所表现出的赤子之心，为树正义把生死置之度外的赴汤蹈火精神，不断为后人传颂。

清朝著名文人纪晓岚的《阅薇草堂笔记》中有如下记载：“沈椒园先生为鳌峰书院山长时，见示高邑赵忠毅公旧砚，额有东方未明之砚六字。背有名曰：‘残月荧荧，太白耿耿，鸡三号，更五点，此时拜疏揭大阉。事成铭汝功，不成同汝贬。’盖劾魏忠贤时用此砚草疏也。末有小字一行题门人王峰书五字。此行遗未镌，而黑痕入石骨，干则不见。取水濯之，则五字炳然。”

尽管纪氏所记内容与谢慎修所著《谢氏砚考》记载有所不同，也不影响该砚铭的真实。可见，赵南起的东方未明之砚的存在不是虚谈狂言，诚可信也。但此砚在近代似乎从未面世，是遗憾事也！

8. 欧阳修《南唐砚》

欧阳修是宋代文学史上开创一代文风的文坛领袖。他继承了韩愈的古文理论，领导了北宋诗文革新的潮流。后人把欧阳修与韩愈、柳宗元、苏轼称为“千古文豪四大家”，其又被称为“唐宋八大家”之一。

欧阳修一生与端、歙砚有不解之缘，留下了脍炙人口的诗文。《欧阳修集》卷一三〇《试笔》“南唐砚”有这样记载：“某此一砚，用之二十年矣。当南唐有国时，于歙州置砚务，选工之善者，命以九品之服，月有俸廪之给，号砚务官。岁为官造砚有数。其砚四方而平浅者，南唐官砚也。其石尤精，制作亦不类今工之侈窳。此砚得自今王舍人原叔。原叔家不识为佳砚也，儿子辈弃置之。予始得之，也不知为南唐之物也。有江南人年老者见之，凄然曰：‘此故国之物也。’因具道其所以然，遂始宝惜之。其贬夷陵也，折其一角。”

《试笔》为欧阳修的即兴之作，他自己曾这样说：“试笔消长日，耽书遣百忧。余生得如此，万事复何求。黄犬可为戒，白云当自由。无将一抔土，欲塞九河流。”《试笔》只有区区三十几段文字，看似杂七杂八，读来却感到行云流水，可认为是日记体之先河。

《试笔》的“南唐砚”，欧阳修至少向我们说明了三点：其一，以文字记载南唐时已有砚务官，专管制砚之事；其二，用了二十余年南唐砚，其样四方而平浅，石质精妙，且制作却不类今工之粗劣；其三，原砚主不知为佳砚而弃置，当知道为“南唐物也”后，“遂始宝惜之。”

这个故事告诉我们一个道理，对待所谓古玩之类，很重要的一点是发现价值。即使如欧阳修这样的社会精英，用了“二十几年”的“四方而平浅”砚台，也才在有经验的“江南人年老者见之”并“具道其所以然”后，才知其为宝物。

9.《阅微草堂笔记》记录砚趣闻轶事

清代著名政治家、文学家纪晓岚一生爱砚，藏砚，曾出版《阅微草堂砚谱》。在他晚年的著作《阅微草堂笔记》中，多次记录有关砚台的趣闻和自己的亲历。在这部笔记的卷十四《槐西杂志四》中，有这样记载：“张桂岩自扬州还，携一琴砚见赠，斑驳剥落，古色黝然。右侧近下，镌西涯二篆字，盖怀麓堂故物也。[1]中镌行书一诗曰：如以文章论，公原胜谢刘，玉堂挥翰手，对此忆风流。款曰稚绳。高阳孙相国字也。左侧镌小楷一诗曰：草绿湘江叫子规，茶陵青厉有微词。流传此砚人犹惜，应为高阳王字诗。款曰不凋。乃太仓崔华之字。华，渔阳山人之门人，渔阳论诗绝句曰：溪水碧于前渡日，桃花红似去年时；江南肠断何人会，只有崔郎七字诗。即其人也。二诗本集皆不载，岂以诋诃前辈，微涉讦直。编集时自删欤？后以赠庆大司马丹年。

1 怀麓堂为明朝李东阳堂号。李东阳，号西涯，明朝重臣，成化、弘治、正德三朝共立朝五十年。

刘石庵参知颇疑其伪，然古人多有集外诗，终弗能明也。又杨丈汶川，讳可镜，杨忠烈公曾孙也[1]，以拔贡官户部郎中，与先姚安公同事[2]。赠姚公一小砚，背有铭：自渡辽，携汝伴，草军书，恒夜半，余之心，唯汝见。款题芝冈铭，盖熊公廷弼军中砚，云得之于其亲串家。又家藏一小砚，左侧有白谷手琢四字，当是孙公传庭所亲制。二砚大小相近，姚安公以皆前代名臣，合为一匣。后在长女汝佶处，汝佶幺逝，二砚为婢媪所窃取，今不可物色矣。”

纪晓岚这篇笔记让我们知道，在纪氏生活的年代，文人士大夫之间，相互赠送砚台是当时的时尚，足见文人爱砚、藏砚、把玩美砚是他们生活的重要部分。

纪晓岚这篇笔记也让我们认识到，收藏古砚旧物，中国古代人就遇到真的和赝品艰难区分的苦恼。一个古旧砚台，足以搅动朋友圈子的平静生活，让大家为砚骚动起来，连大名鼎鼎的刘墉——刘石庵都被拖入其中。即使如此，对于该砚的真伪“终弗能明也”。

自古至今，人们都说“砚以用为上”。宋人米芾在《砚史》中也说：“器以用为功……，夫如是则石理发墨为上，色次之，形制工拙，又次之，文藻缘饰，虽天然，失砚之用。”但实际上，人们对古砚的名头、传承、形制、纹饰却往往津津乐道。古砚不仅在古代，就是在今天，不仅有使用价值，还有历史价值、研究价值、观赏价值。因此，人们追求古砚作为用品的使用价值之外的其他价值，应该是无可厚非的。

10. 米芾爱砚

北宋著名书法家米芾爱砚如命，被世人称为“米癖”和“石癖”，米芾对自己钟情的砚台，会用尽办法弄到手，以慰赏玩之情。

不仅如此，米芾对砚十分敬畏和爱惜，不容使用的砚台被玷污，几乎达到“洁砚癖”的程度，正是如此，引出了许多米芾爱砚的故事。

明末清初的余怀，在其著作《砚林》中有如下记载：“宋徽宗命米元章书大屏风。顾左右取笔砚。徽宗指御案端砚，使就用之。

“书毕，即捧砚跪请曰：‘此砚经臣濡染，不堪复进上御。’徽宗大笑，因此赐之。元章拜谢，抱砚而趋，墨沈霑渍袍袖。”

余怀以寥寥笔墨刻画出米芾对砚的痴迷。为了得到自己心仪的砚台，竟可以厚着脸皮向皇帝讨要，如此痴迷之状，真可谓古今天下第一人。

1　杨忠烈公，明代人杨涟，著名谏官，因弹劾魏忠贤，被诬陷，惨死狱中，后平反昭雪，谥号“忠烈”。

2　姚安公，即纪晓岚之父纪容舒，曾供职刑部和户部，做过云南姚安知府，故称姚安公。

在同一书中，余怀又记述：“周仁熟与米元章交契。一日元章言得一砚，非世间物，殆天地秘藏，待我识之。米起身取于笥，周亦索巾净手，若欲静观状，称赞不已。曰，诚为尤物，未知发墨如何？令取水，未至，亟以唾磨墨。元章变色，曰，公何先恭而后倨，研污矣，为公赠。”

这段论述大意是，周仁熟与米元章是好朋友。一天，米元章告诉周仁熟，他得到一方砚台，这砚不是世间之物，一定是天地秘藏之物，现在由他据有。于是米元章从竹筐中取出砚台。此时的周仁熟要来擦手巾，恭敬地净手擦干，摆出虔诚观看的样子，并交口称赞：“真是好东西，不知道发墨如何？”米芾令人去取水，水未到，周仁熟等不下去了，往砚台中吐自己的唾液，开始研磨。米元章勃然变色：“你怎么先恭敬而后傲慢。砚台已经被污染了，只好送给你了。”

这里，周仁熟抓住米芾对砚的“洁癖”之病，轻而易举地把这个米芾称之为“天地秘藏之物”的绝世之砚据为己有。这和米芾从宋徽宗处讹砚的本质是一样的。

也不知这个事情怎么传到了苏东坡耳中，苏东坡用同样方法，也赚走了米元章一方砚台，可称异曲同工。

余怀在《砚林》中是这样论述的：“元章以端砚呈东坡，东坡唾之，因取去。事与周相类。”这个都无须装模作样地研磨，只吐口唾沫就解决问题了。

读过鲁迅先生短篇小说《孔乙己》的人都会记得，当有人说孔乙己偷书时，“孔乙己便涨红了脸，额上的青筋条条绽出，争辩道，‘窃书不能算偷，偷……窃书！……读书人的事，能算偷吗？’”原来，早孔乙己上千年的宋代的文人士大夫，为了把玩自己心仪的砚台，使点小权术，骗一骗朋友，是不伤大雅的。如苏东坡等叫人敬仰的大人物都会这样做。如果孔乙己也为士大夫之辈，就如同周仁熟、苏东坡一样，不伤大雅了。

因对砚的“癫狂”而做“癫狂”之事，世上不光有“米痴”“米癫”，其实，苏东坡也应该是够“癫”够“痴”的。

第五章

走近古今砚台

1. 清·黄任铭顾二娘制老坑端石蕉石砚

此蕉石砚随形雕成蕉叶状，雕工细致，线条流畅，砚边以卷曲蕉叶形状围成。叶边自然弯曲，状若天成。砚背用一片蕉叶装饰，叶片筋脉毕现。整体看雕工并不繁缛，但却使人眼前若一片落叶飘来，清新亮丽。

砚石青灰中隐现紫蓝色调，显得静穆沉稳，砚堂中有蕉白、青花及朱砂斑，具典型端石老坑的特征。正面砚首处篆书“红了樱桃，绿了芭蕉”；左下方阴文“莘田自赏”印，砚侧篆书“吴门顾二娘制”。配黄花梨木盒，盒内髹大漆。时代感与黄任所处年代相符。

黄任（1683—1768），字于莘，又字莘田，藏砚家，永福（今福建永泰县）人。康熙四十一年（1702 年）举人，官广东四会知县。

黄任出生于世代书香门第。曾祖明天启进士。黄任少俊好学，十二岁受业福建著名诗人、外祖父许友学诗，并拜进士林佶学书法。

黄任康熙四十一年举于乡，曾七次进京会试不第。雍正元年（1723 年）出任广东四会县令，次年兼署高要知县。在任期间颇有口碑，辖区清平。

高要市系古端州之地，正是著名的端砚产地，黄任本吟诗善书之人，很快对端砚产生爱不释手之癖。于是，他在任上节衣缩食，将余俸尽购佳石百余片。

黄任政务之余，钟情于诗书，不善与上下级交往，久而被小人所妒。终因天灾所至，海水冲毁堤防，于雍正五年（1727 年）被上级弹劾去职。罢官回乡之时，其所乘之船除砚台和所剩砚石，几无他物。

他得知顾二娘为女中制砚高手，精于雕砚，所雕之砚常有石破天惊、倾倒爱砚文人士大夫之举。黄任于是上门请顾二娘制砚。顾二娘见到其从广东带回的精美端石，也是爱不释手，就不辜负黄任的良苦

用心，为其雕刻砚台。经顾二娘之手，到底雕刻多少美砚，现在无从知道确切数字。但黄任铭、二娘制的端砚，在世上广为流传。

顾二娘，清代女制砚工匠，苏州人。

据《吴门补乘》等书记载，顾二娘本姓邹，嫁到世代制砚为业的顾家。其公公为顺治年间姑苏城中制砚技艺妙手，所制之砚“名重于世”。因顾二娘丈夫早夭，于是顾二娘就撑起了顾家的制砚业门面。

二娘生来心灵手巧，又加上平时肯于苦心钻研这门技艺，很快雕技大长。她所制之砚“古雅而兼华美，当时实无其匹”。

久而久之，二娘所制之砚为世人争购。当时的爱砚之人都以得二娘之砚为荣。

这时的黄任诗书业已成家。他罢官后，将从广东带回的端州美石，不怕迢迢千里，从福建永福运到苏州。

于是乎，藏砚名家和制砚高手因砚而缘，留下传世佳话。在近现代，人们仍在传颂。近现代教育家、著名文人缪钺先生（1904—1995），曾作《周汝昌先生所藏顾二娘制翔凤砚》七律一首：“荒肆搜寻砚一方，昂头俊眼凤如翔。人间绝艺今零落，谁识前朝顾二娘。”

黄任贬官回乡后，把平生所得之砚，选心爱十方，置一专门室内，名为：“十砚斋”，自称“十砚老人”。这十砚被黄任命名为：美无度、生春红、青花、古砚轩、十二星、天然、著述、风月、写裙和蕉石。“十砚斋”中十方砚现今有的已有归属，但没有“蕉石”的下落，此砚是否为“十砚斋”中“蕉石”砚，值得考证。

诗书之余暇，黄任静坐雅室，悉心把玩。更让人忍俊不禁的是，为让他的砚台更美丽、漂亮、包浆滋润，黄任竟让其小妾抱着砚台入睡。可见黄任不仅是有“砚癖”，而简直就是十足的“砚痴”了。

和乐斋主得到此砚后，被其精美绝伦所折服，特作五言律诗一首（新韵）：“觅得砚一方，雕蕉叶几张。二娘亲手制，黄任用心藏。今日因之喜，当年为此狂。铭端多往事，再铸好文章。”

1

清·黄任铭顾二娘制老坑端石蕉石砚

砚台尺寸：178mm×105mm×30mm

由和乐斋主人收藏

2. 清 · 顾二娘制云蒸龙变老坑端砚

此老坑砚体态巨大，有原配紫檀盒。

正面雕一条龙，在云中飞腾。祥云缭绕，巨龙飞腾穿云。砚背面雕琢山水、草木，水面上有人泛舟。砚面有漂亮的青花火捺纹。石质密实，手抚细腻润滑，敲之木声，注水研墨时下墨快、研墨无声。

砚上有“吴门顾二娘制”和“云蒸龙变”铭文。

明朝中后期，地处长江繁华段的苏州，经济上的繁荣带动文化艺术的空前发达，工艺品的制作门类齐全，制作水平精湛。特别是雕刻工艺水平，在国内遥遥领先。据文献记载，在清雍正朝，宫廷造办处汇集了苏州的竹木雕匠、玉雕匠及砚雕匠等雕刻名匠。顾二娘夫家即为当时苏州的砚雕之家。那时的苏州，女流之辈雕砚并不多见，但二娘传承顾家砚雕技艺并发扬光大，成为享誉国内的砚雕名家。由于她的砚雕作品别具一格，人们将其神秘化。据传，顾二娘有非凡辨别砚石优劣能力。一块砚石放在面前，无须特别地眼看手摸，只需用脚一踢，即可知其优劣。故世人称为“顾小足”，可见其在砚雕界的地位。

著名红学家周汝昌先生在四川工作时，得到顾二娘制作的一方砚台，砚面雕一尾大凤头，两翼团抱砚堂，凤鸟直连砚背，气象恢宏。周汝昌先生命其为“顾二娘翔鸾砚”。周先生得砚后喜不自言，多次以此砚为题与友人赋诗唱和。其中有一首七绝：“散漫无材石一方，不堪世用自悲凉。欲从瘦硬添腴润，未有吴门顾二娘。”

经研究比对，此“云蒸龙变”端砚与周汝昌先生得之“翔鸾砚”雕刻风格有许多相似之处，且均符合顾二娘砚雕“砚系一石，琢来必圆活而肥润，方见镌琢之妙，若呆板瘦硬乃石之本来面目，琢磨何为”的理念。

2

清·顾二娘制云蒸龙变老坑端砚

砚台尺寸：205mm×160mm×40mm

由重阳生先生收藏

3. 清·乾隆御仿唐御题观象歙砚

该砚为八棱仿唐御题观象歙砚，砚背有清高宗乾隆御题诗一首。有“比德”和“朗润”两方篆刻印章。砚侧有行书款“仿唐八棱澄泥砚”和行书款“翰墨传家溥杰”铭文。

乾隆御题诗为“八棱含璧，外方内圆。唐即澄泥，兹实肖焉。枕葄六艺，修身立言讵惟玩物，思旅獒篇。乾隆戊戌御铭”。

乾隆戊戌年应为1778年，为乾隆即位第四十三年。正值乾隆一朝的鼎盛之时，而1778年也正为《西清砚谱》成书之年。

该砚制功之精，文字雕刻之妙，用石之美，极具皇家造办处所为之威，绝非出自民间工匠之手。

清代末年皇帝溥仪之弟——溥杰的铭文的出现，说明了该砚之传承有序。

观象，意为观测日月星辰天象之变化。

至于观象砚始于何朝何代，目前还无确切考证。但在澄泥砚兴盛的唐代，已经有八棱观象式砚台出现。

此方出自清内务府造办处的仿唐八棱含璧观象砚，加上清高宗乾隆的御笔诗，向我们证实，并作为史料告诉我们，八棱形观象砚面世应不晚于唐代。

该砚石料为产于江西婺源龙尾山的歙石。砚面上有漂亮的眉纹，砚背石中有清晰的水波纹。因此可断为水舷坑产出的眉纹石所制。此石产地为龙尾山四大名坑之一，今日已难寻如此精美之石。

3

清·乾隆御仿唐御题观象歙砚

砚台尺寸：101mm×100mm×24mm

由和乐斋主人收藏

4. 清·雍正款荷叶池松花砚

该砚为配有暖砚床的暖砚。

砚为松花石平板式，砚的雕刻线条简洁，四周是光素无纹的砚边，砚首处雕一荷叶状水池。水池雕为一折叠状荷叶。荷叶雕得筋脉毕现，叶柄自然横陈。

砚体石质坚实，结构细腻，表面打磨光滑，手抚如玉一般润泽。

砚背有“以静为用，是以永年”行书铭文和篆书“雍正年制”四字印款。

砚的暖水槽为铜胎掐丝珐琅盒，即景泰蓝盒。

景泰蓝制品在明朝景泰年间工艺已臻成熟，故名景泰蓝。到大清一朝已发展到顶峰。据说，元朝大军西征时，从阿拉伯带回金属掐丝珐琅技术，经中华民族的再创造而达到完美。其上等者，金胎金丝烧制珐琅；中等者，银胎银丝烧珐琅质；下等者，铜胎铜丝珐琅质，经磨光后镀金而成。景泰蓝已于 2006 年被列入我国第一批“非物质文化遗产”项目。

此砚的暖砚床即为景泰蓝制品。

暖砚盒长边两侧面下部图案，为二龙捧寿图。两条深褐色蟠龙，龙足爬地而行，两龙头相对，中间有红色寿桃一枚，图案有翠蓝珐琅底色衬托，亮丽醒目，给人以清新愉悦之感。暖砚盒两短边侧面下部，亦为二龙捧寿图。两条黄色蟠龙，龙足爬地而行，两头相对，中间为黄红色寿桃一枚。图案有翠蓝色珐琅底色衬托，色彩庄重，给人以肃穆沉稳之感。暖砚盒上部四个侧面，均为镂雕夔龙镀金。暖砚盒内部和掐丝，经精细打磨后镏金厚重，且保存完美，无一处裸露见胎。暖砚盒画面花纹细腻，线条硬朗，色彩亮丽，金光灿烂，皇家气质昭然入目。

暖砚盒底有“大清乾隆年制”六字款。

雍正款的松花砚，配上乾隆款的景泰蓝暖砚盒，两朝皇帝的器物合二为一，浑然一体，这恐怕是大清一朝所独有的风景吧！

4

清·雍正款荷叶池松花砚

砚台尺寸：147mm×114mm×25mm

暖砚盒尺寸：150mm×117mm×50mm

由和乐斋主人收藏

5. 清·乾隆御铭风字形澄泥砚

澄泥砚曾为中国文人书房的主要用砚，在唐宋时期发展到顶峰。唐以后由于石砚的逐渐兴盛，澄泥砚才由盛转衰。到清朝时期，澄泥砚不仅式微，且澄泥砚的生产工艺都逐渐衰亡。但是时，清内务府造办处，却在皇帝的提议下，试图恢复澄泥砚的古代制法。

据清宫史料记载，内务府造办处砚作，曾专门派人到山西绛县汾水取泥，运到北京，以古法制造澄泥砚。至今在造办处遗址，仍存有那时取回的汾河泥。

此澄泥砚烧造得坚硬密实，状如天然石料一样的坚固，且可见因高温烧制砚体出现的窑变。为此，我们可知制造者的苦心：采用河泥之细腻，泥坯摔打之密实，烧造温度之高。乾隆皇帝在其御铭中，明确指出："得泥自绛县。"所以我们可以肯定地说，这方风字澄泥砚，就是那时清廷造办处砚作所为。

该砚上小下大，为平板式，没有高出砚堂的砚边，砚堂上部设计为一弯半月形小池，砚面光素无纹，简洁明快。因其形如汉语风字的形状，故名风字砚。风字砚在唐、宋已有存在，特别是在宋代，更是风靡一时。

砚盒也制成风字形，为紫檀木制造。盒的正面，风字形外沿一周，精雕的夔龙纹，中间满雕一枝宝相花。宝相花枝繁叶茂，错落有致。在宝相花上下各有一只蝙蝠飞翔。盒底侧雕刻回形纹。

紫檀盒的雕刻手法繁缛细微，刀刀一丝不苟，为典型乾隆时期风格。从砚盒花纹中仍隐约可见填金的痕迹，亦可见砚盒制造完成后的精美。

5

清·乾隆御铭风字形澄泥砚

砚台尺寸：115mm×100mm×26mm

由和乐斋主人收藏

6. 清・乾隆御铭钱袋形松花砚

该松花石砚小巧玲珑，雕工高超。钱袋口皱褶自然灵动，捆绑袋口的绳子很细，但绳子纹路清晰可见，彰显毫发毕现的雕刻功夫，背面“乾隆年制”四字篆书款，再加上雕刻完成后又有细磨的功力，使大不盈掌的袋形砚成为文房把玩当之无愧的珍品。

6

清·乾隆御铭钱袋形松花砚

砚台尺寸：92mm×68mm×12mm

由和乐斋主人收藏

7. 清・雍正款随形松花砚

该砚为黄色松花石雕成。

砚首雕仙鹤衔桃纹。“鹤”与“贺”谐音，桃为贺寿用品，其意为贺寿。

砚背有“以静为用，是以永年”铭文和“雍正年制”四字篆刻款。

砚盒亦为松花石巧雕而成。

盒盖为多色石，利用石色的变化，巧雕松云纹。松树虽为老干，但虬枝上松塔高挂，而显得生机勃勃。松树周围，祥云缭绕。

“松鹤延年”是中华民族古老的祝寿之语。所以，该砚与砚盒的雕刻图案，均为贺寿之意。

此砚亦为文房把玩之物。

7

清·雍正款随形松花砚

砚台尺寸：113mm×75mm×10mm

由和乐斋主人收藏

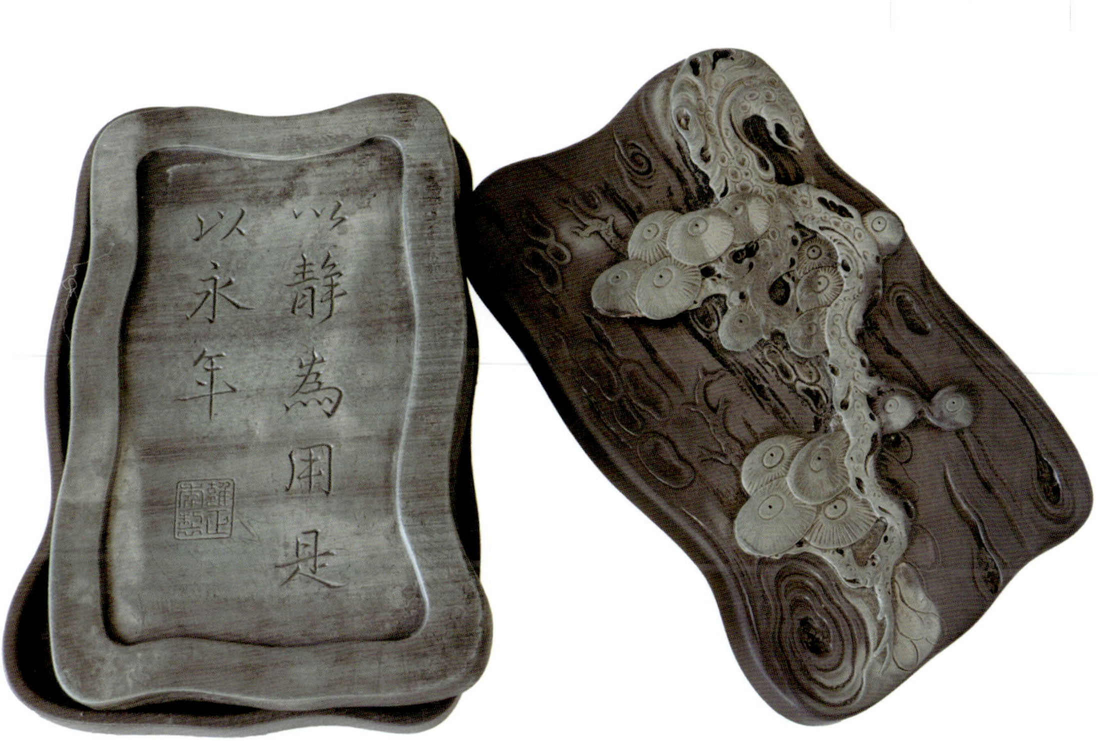

8. 清・雍正款竹节松花形砚

该砚为翠绿色松花石雕成，整体为一竹节形状。砚分为两部分，下节较长，可以用作研墨的砚堂；上部稍短，可作为掭笔之笔掭。上下两部分合起来，就成为一漂亮的竹节状砚台。该砚雕刻创意独特，再加上松花石色泽翠绿，砚体上黄白刷丝纹密集出现，真让人趣意盎然。

砚盒为日本漆器做成，依砚台的竹节状确定尺寸，故砚盒整体亦为竹节状。砚与砚盒的相互接触处严丝合缝。把砚台装入砚盒，以手晃动，砚与砚盒几乎没有任何位置变化。若不把砚盒倒扣在案台上，几乎无法取出砚台。从砚盒破损处看，砚盒的胎体为密度很小的木材，木板厚度大约 2 毫米，胎体外刷淡黄色油漆，漆膜光滑明亮，让人惊叹漆盒制造工艺之精巧。

性质独特的松花石料，加上绝世之技雕成的松花砚，配以日本的漆器工艺制作成的砚盒，变成了世上独一无二的工艺品。

8

清·雍正款竹节松花形砚

砚台尺寸：170mm×66mm×18mm

由和乐斋主人收藏

9. 清·翁嵩年款澄泥砚

该砚为鳝鱼黄淌池砚。

砚质结构坚实细润，敲击有金属之声，可见澄泥密实，烧造技艺高超。

砚背是一幅山水画，有翁嵩年作画气韵。铭文为："翠黛浮空，青光澈地，宇宙何宽，君子不器。翁嵩年铭。"有一阴文"康饴印"，左侧刻阴文隶书"芸葉庵珍藏"。

翁嵩年，字康饴，号萝轩，钱塘（今杭州）人。康熙二十七年（1688 年）进士，仕为广东提学。善画山水，以枯笔作林峦峰岫，气质古雅疏拙，为一代表性画家。

隶书"芸葉庵珍藏"已无可查。

此砚体型巨大，置于案头，有威严之感。

9
清·翁嵩年款澄泥砚
砚台尺寸：260mm×170mm×52mm
由和乐斋主人收藏

翠黛浮空
青光澈地
宇宙何寬君子
不器翁嵩年銘

10. 清·姚文田款宝瓶澄泥砚

砚台正面呈宝瓶状。背面从边缘向内有两层退台，古人称之为连升三级。砚背铭文：形正质温如玉。用以文房万春秋。戊寅长夏姚文田。阴文“文”印，阴文“田”印。

姚文田（1758—1827），字秋农，号梅漪，归安（浙江吴兴）人，清代状元。姚文田考取清朝嘉庆四年（1799 年）进士第一名，即文科状元郎。官至礼部尚书，是清代蜚声朝野的著名学士。其德高望重，治学严谨，为官耿直，一身正气。

除居官外，姚文田还著作等身，著作有《说文声系》《古音谐》《易言》等。

姚文田年少家贫。父亲客游他乡，母亲亲自口授经籍。日子艰苦时，生不起火，揭不开锅。邻人劝其母卖掉祖上旧居废地，以渡难关，其母沈氏说：“地不能卖，还等儿子做官时，留此地盖一品坊！”后真应其母所言，姚文田成了天下第一的状元。

砚为鳝鱼黄色，烧造坚实，敲之有金属之声，手抚油润，下墨如飞，贮墨不渗，洗墨爽快，只是背面上部退台处，有少许磕碰。但这不影响使用，反而显示了该砚的缺失美。作为爱砚者，能得到这样一方清中期的澄泥砚，也是一件美事。

10
清·姚文田款宝瓶澄泥砚
砚台尺寸：170mm×103mm×23mm
由和乐斋主人收藏

形質佳温如玉潤以
文房为春秋
戊寅長夏姚文田

11. 清·张深款洮河砚

张深，字淑渊，号茶农，丹徒（今江苏镇江）人。嘉庆十五年（1810 年）解元，官广东新宁知县。清代画家，工花卉，亦工山水，笔意深厚入古。

砚制成圭形，古朴雅致。砚石呈浅绿色，没有明显的石品花纹，如人素面朝天，应是洮河石中水泉湾老坑所出。

砚侧书“具圭之形，如玉之泽，安以磐石，纪功简册，张深”，阴文“淑渊”印。原配紫檀镶和田白玉天地盖。

11

清·张深款洮河砚

砚台尺寸：145mm×85mm×30mm

由和乐斋主人收藏

12. 清・丁敬款鹦鹉能言端砚

该砚为紫色端石，砚首和砚的两侧雕琢鹦鹉雄踞图。背面为李白饮酒浮雕图。

边款铭文“鹦鹉能言。戊辰冬月钝丁制”。阳文印“丁”。另一侧阴文“鉴古堂”。

丁敬，生于康熙三十四年（1695 年），卒于乾隆三十年（1765 年）。是时，“浙派”金石篆刻兴起，与“皖派”一起被称为清代两大流派。而浙派的开山之祖，即为丁敬。

“鹦鹉能言”最早出自《礼记》，“鹦鹉能言，不离飞鸟，猩猩能言，不离禽兽。今人而无礼，虽能言，不亦禽兽之心乎。”其意为，人之为人，是因为人知书达理，懂得文明，不然人和禽兽有何区别呢？

12

清·丁敬款鹦鹉能言端砚

砚台尺寸：198mm×135mm×27mm

由和乐斋主人收藏

13. 清·姚汝锟为郭宗仪刻绿端砚

盖铭文："少泉仁兄大人清玩。守如玉，韫诸椟，文史之用无不足。佥曰：出自幽谷，归真返璞，不若古之颜阘。丁丑夏日，飞泉姚汝锟刊。"

郭宗仪，名定仪，字少泉，清时浙江嘉善人，行书似朱、赵，笔意圆熟。兼善兰、竹、松鹤、菖蒲、寿石及博古，饶有风趣。光绪时挟艺游无锡。作有《清朝书画家笔录》《许嘉生札记》。

姚汝锟，字飞泉，清时浙江嘉善人。善刻竹，间作小印，亦楚楚有致。

砚作门字形，色翠绿。

郭、姚两人亦为同乡好友，姚为郭刻砚，可见两人之间的情谊。

如论下发墨之优良，绿端远不若上三坑，但其色翠绿，博得文人士大夫喜爱，常放桌头以用把玩。

宋人王安石曾赋诗：“玉堂新样世争传，况以蛮溪绿石镌。嗟我长来无异物，愧君持赠有佳篇。久埋瘴雾看犹湿，一取春波洗更鲜。还与故人袍色似，论心於此亦同坚。”

故至少自宋以来，以绿端为砚，确为文人的一种风气。

该砚为小砚，应主要是文房中主人的把玩之物。当然也可以研墨。

13 清·姚汝锟为郭宗仪刻绿端砚

砚台尺寸：111mm×75mm×13mm

由和乐斋主人收藏

14. 清·濠园款荷叶纹老坑端砚

此砚在侧面雕有“濠园”铭，经研究相关资料，可判断为天津收藏大家徐世章先生旧藏。

徐世章（1889—1954），字瑞甫，号濠园。天津人，是著名文物鉴赏家、收藏家徐世昌的堂弟。早年留学比利时，获得经济学学士学位。回国后，先后在交通部和铁路管理部门任职，曾任京汉铁路管理局副局长、津浦铁路管理局局长。20 世纪 30 年代，先后任交通部次长、交通银行副总裁、币制局局长。

新中国成立后，徐把毕生收藏近三千件文物无偿捐献给国家。其收藏的古玉和古砚两部分艺术品，构成了天津博物馆该两项的主要藏品。尤其是天津博物馆收藏的古砚，相当大数量为徐世章先生捐献。天津博物馆也因此而成为国内各省博物馆藏砚之最。

该砚雕成随形砚，砚体被荷叶围绕，水池也被雕琢成荷叶形。砚堂左侧，卷边荷叶下，两条鱼欲跃出水面，平添了许多情趣。

砚堂石质嫩滑，结构紧密，敲击发出如击木之声，颜色清灰微紫。砚堂有蕉叶白、火捺、鱼脑冻、天青、青花等石品分列其中。砚背，在荷叶纹之中，有虫蛀纹存在。经综合石品的特点，判断该砚为端溪老坑石无疑。该砚为老坑石中大气之作。

14

清·濠园款荷叶纹老坑端砚

砚台尺寸：185mm×120mm×20mm

由和乐斋主人收藏

15. 清・寿石工款圭形老坑端砚

砚作珪形。砚盒内有“富米珍藏”标记。砚侧篆刻“石工”印。砚首并列两个璋形水池，正好合并成一个珪形，两个璋形水池下部为两个夔龙，雕工线条流畅，夔龙造型不过数刀之工，但栩栩如生。砚堂做成圆形，池边满雕回形纹饰，回形纹刀刀一丝不苟，行刀利落。

圭，亦可作珪，为古代王侯朝聘、祭祀时所用。“锐上方下曰珪”，通常其形为长方形中，一短边去双角而成的图形。主要以玉料做成，是为礼器。这方砚的形式，其实为玉珪形态的演变。

富米，为近代日本收藏家，曾著有《富米斋・养砚谱抄》。

寿石工（1885—1950），名玺，号印丐，别号署石工，绍兴人。寿石工篆刻师赵叔孺、吴昌硕、黄士陵，工稳秀逸，宁静蕴藉。书法初学欧、米，后参六朝之体。其诗词、书法、篆刻自成一格。

寿石工之父亲寿镜吾曾在山西宦游。因此，寿石工生于山西，就读山西大学堂。毕业后其亦宦游各地，他不善为官，虽曾任辽东知府，也只在任三天而已。故他自嘲地刻了“辽东假侯”闲章一枚以自娱。

因与清府不能一路，寿石工最终成了同盟会成员，投身了辛亥革命。民国成立，寿石工居北京。曾在北京大学等高校任教，1917 年与陈师曾创立北京美术专门学校。这时，他的书法、篆刻已有成就，在中国现代美术史上亦有了一席之地。

1950 年寿石工去世时，徐悲鸿为其题书墓碑。

寿石工之父，即为鲁迅《三味书屋》时的启蒙老师寿镜吾。鲁迅对恩师十分尊重，在拜访恩师时，与其子寿石工多有交集，且鲁迅在教育部任佥事时，寿石工也为鲁迅的同事，《鲁迅日记》中记录了他们之间的往来。

砚体有金、银细线，天青，蕉叶白，胭脂火捺等端石老坑水岩石品。有这些老坑石的石品集于一身，可见砚石之名贵和难求，必为寿石工生前所爱。

15

清·寿石工款圭形老坑端砚

砚台尺寸：187mm×117mm×28mm

由和乐斋主人收藏

16. 清・陆润庠款荷叶纹老坑端砚

该砚为随形雕成。正面除砚边外，均雕成砚堂。背雕荷叶状。砚面右侧阴雕陆润庠铭文。

陆润庠，字凤石，元和（今江苏苏州）人，同治十三年（1874 年）状元，为清朝第 101 名状元。

中状元后，陆润庠自翰林院修撰开始其仕途之旅。

光绪即位后，陆入值南书房为侍读，后署理工部侍郎。

八国联军进京时，慈禧太后挟光绪出德胜门而逃，奔往西安。在西逃途中，陆润庠用心侍奉慈禧。慈禧被陆的忠心所感动，委任其为礼部侍郎。还京后，陆出任左都御史，后署理工部尚书，成为一品大员。

陆润庠擅书法，尤擅行楷。其字方正光洁、清华朗润，意近欧、虞笔法。在他老家苏州留园、狮子林园、网狮园等处都留下书联。在故宫博物院，也有陆润庠的墨迹存留。

慈禧晚年喜好作画，常命陆润庠为之题字。足见晚清最高统治者慈禧对其的重视和宠爱程度。

此砚的砚堂中，几乎是满堂鹅毛绒青花，并偶有朱砂斑。故可断其为老坑大西洞砚石所制，为端砚上上佳品。

16

清·陆润庠款荷叶纹老坑端砚

砚台尺寸：141mm×128mm×26mm

由和乐斋主人收藏

17. 清·端方款瓜瓞绵绵端砚

砚为淌池形，砚背雕瓜蔓叶纹，砚背整体为瓜形。叶、蔓线条清楚简捷，流畅。在叶蔓之中，阴雕“端方”铭文。

端方（1861—1911），字午桥，号陶斋，清末大臣，金石学家。满洲正白旗人。官至直隶总督、北洋大臣。

瓜瓞纹为我国传统装饰纹，出自《大雅·绵》：“绵绵瓜瓞，民之初生，自土沮漆。”《朱熹集传》解释为：“大曰瓜，小曰瓞，瓜之近本初生常小，其蔓不绝，至末而后大也。”寓意家族连绵不断，子孙昌盛。

砚质细润坚实，色微紫，形端正，砚面有青花和朱砂斑点，为端石老坑砚。

17

清·端方款瓜瓞绵绵端砚

砚台尺寸：160mm×145mm×40mm

由和乐斋主人收藏

18. 清·黼廷款荷叶纹老坑端砚

该砚琢为随形砚式，整体雕为卷曲的荷叶状。正面砚首雕为带柄的半截荷叶，寥寥数刀，即雕得栩栩如生。砚背面为荷叶反面图，荷叶筋脉毕现。砚台雕琢线条简洁，但又让人感到清新秀丽。

砚台老坑水岩的特点突出：火捺纹、浮云冻、蕉叶白、青花、金、银线纹齐全。尤其让人惊叹的是，占据砚堂大半面积，漂亮的蕉叶白之上，散落着漂亮喜人的浮云冻石品，堪称端石水岩之绝品，十分珍贵。

原带的黄花梨砚盒上盖外面，浅浮雕瓶插一支梅花和一盆盛开的兰草。阳文落："光绪辛丑仲春贞作"款。砚盒上盖里面阴文落"黼廷韩氏珍藏，辛丑四月贞元之志"款。

光绪辛丑应为 1901 年。张之洞 1889 年开老坑。该砚是开坑后十二年做砚盒，砚台最晚也是在此年前面世。从砚石皮壳上看，此砚从做成到现在已过一百余年，几乎没有使用过的痕迹，是放在书房的把玩之物。

这方小砚，大不盈掌，颜色微紫，握在手中，手感华润，敲之声音沉闷，应是"张坑"石制成的砚台无疑。

"黼廷韩氏"和砚盒雕刻"贞元"，已无从查考。这是收藏此砚留下的遗憾。

18

清·黼廷款荷叶纹老坑端砚

砚台尺寸：130mm×90mm×15mm

由重阳生先生收藏

19. 清·端溪坑图夔龙一字纹老坑端砚

正面砚首一字池，水池边缘篆刻夔龙纹。砚背雕端溪坑图。

端溪坑图有多种版本。本砚背满雕的端溪坑图，基本与清人吴兰修所撰《端溪砚史·端溪研坑图》相一致。这样的砚坑图是一个示意图，大致标明各坑在这一区域的大概位置。但该砚坑图雕琢细微清晰，山石树木、湖河人舟，均栩栩如生，恰如一幅山水画卷。爱砚者得到这样一方老坑端砚，应是一大乐事。

砚堂中有青花、银线等石品。

19
清·端溪坑图夔龙一字纹老坑端砚
砚台尺寸：177mm×118mm×28mm
由和乐斋主人收藏

20. 清·钟形澄泥砚

在我国 2000 多年的砚以墨条研墨的发展史中，砚台的款识有多种多样，钟形砚就是古砚中经常出现的一种。

钟，是指金属制成的响器，中空，敲击时发声。《天工开物·钟》载“凡钟为金乐之首”，金属钟最早见于商代的“执钟”，为铜所制。1984 年，陕西西安张家坡出土的井叔墓铜钟，上铸 39 个铭文，可断定为西周中期所制。后钟又发展成编钟，是为古代重要的礼器，史书上所见的“钟鸣鼎食”“晨钟暮鼓”以及“礼非乐不履”“钟鼓之乐”，都告诉我们，钟在中国历史上有着重要的地位。

《西清砚谱》收录了多种钟形砚，有澄泥质和石质的，也有古砖瓦制成的钟形砚。砚制成钟形，是古代文人用以警觉自己，时刻想到以“礼”规范自己。正如《论语·颜渊》所载的“非礼勿视，非礼勿听，非礼勿言，非礼勿动”。

这是古代文人用以醒悟自己，看到钟形砚时，犹如听到“晨钟暮鼓”（也有为晨鼓暮钟），告诉自己，时间在流逝，日月在前行，所以应该珍惜时间，不浪费光阴，挑灯

20

清·钟形澄泥砚

砚台尺寸：160mm×120mm×21mm

由和乐斋主人收藏

夜读，砥砺前行。

这方澄泥砚为浅黄色，即世人称之为鳝鱼黄澄泥砚者。装饰纹繁缛，线条干净利落且规矩古朴。凝结了匠人的心血。砚堂手抚细润平滑，击之有金属之声，可见澄泥锤击、摔打密实，烧结时火候到位。

配有制作精良黄花梨内髹大漆木盒。

21. 清・云龙纹大西洞端石双面砚

此砚在以前的著录中已被确认为大西洞石，应无异议。清・袁树《端溪砚谱记》对诸洞石材有如下分析："左侧为老东洞，大东洞，石色黄眼作牙色；右侧为老西洞，大西洞，小西洞，石色白，质细嫩，罕有眼，间有眼者，作碧绿色。由二洞深入为老中洞，多天青色，无蕉白，眼亦青。三洞之中，唯西洞为最，而大西洞尤佳。"

此砚石品有天青、火捺、蕉叶白、翡翠、青花等，其中蕉白恰如蕉叶初展，含露欲滴；火捺若夏季之晚霞，湿水后，胭脂般艳丽。

砚雕成随形，砚堂如荷叶自然卷起，朴素大方。砚以浅浮雕工艺，雕琢成云龙纹，且为双面砚。

21
清・云龙纹大西洞端石双面砚
砚台尺寸：205mm×185mm×20mm
由和乐斋主人收藏

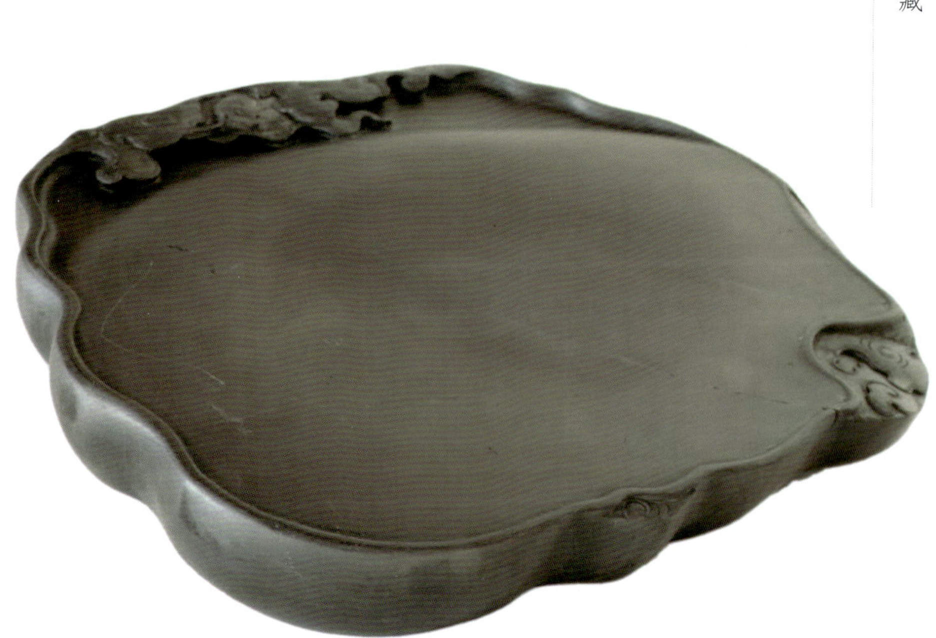

22

清·木棉花形老坑端砚

砚台尺寸：155mm×112mm×14mm

由和乐斋主人收藏

22. 清·木棉花形老坑端砚

此砚为腰圆形。以花枝，花瓣围成砚墙，既有装饰作用又有实用功能，设计得非常巧妙。花瓣布局疏密得当，雕琢线条干净利落。此件作品绝非出自寻常之手。

木棉花是高大落叶乔木。高度可达 30 余米，躯干壮硕，有顶天立地姿态，如英雄般壮观。木棉花朵巨大，红色如火，花瓣脱落后，树下落英缤纷，花不脱色，不萎靡，以很英雄的姿态告别这个世界。所以，木棉花被称为“英雄花”。

著名反清志士陈邦彦之子，清初诗人陈恭尹《木棉花歌》：“粤江二月三月天，千树万树朱花开。……浓须大面好英雄，壮气高冠何落落！”文人将木棉花图案装饰在心爱的砚台上，其意应为每日观看“英雄花”，以养自己的浩然之气。

砚堂中有青花和朱砂斑，是为典型的端砚老坑之石。好料加上好工，造就了这一独特的工艺品，看一眼让人心旷神怡，如有花香徐徐迎面而来。

此小砚配有做工精细的紫檀盒。

23

清·五福云纹黑龙尾歙砚

砚台尺寸：172mm×112mm×30mm

由和乐斋主人收藏

23. 清·五福云纹黑龙尾歙砚

黑龙尾石，即产于江西省婺源龙尾山的纯黑色砚石。此种砚石一般为纯黑色，不见其他石品花纹。在自然光下侧视，往往有珍珠般的光泽。这种砚石，如产于水坑，一般石质坚实细腻，手抚润滑。但当湿水后，手指又有涩感，故下墨快，发墨快且细，为龙尾山产砚石上品。

这方砚的砚首雕琢五只飞翔的蝙蝠纹。因“蝠”与“福”同音，“翔”与“祥”同音，寓祥福之意。砚边为细细的韭菜纹饰。砚台方正平直、简洁大方。

五福，出自《书经·洪范》：“一曰寿、二曰富、三曰康宁、四曰攸好德、五曰考终命。”

24. 清·细眉纹歙石卧牛砚

砚为清灰色，淌池式。

一只正在休息的耕牛悠闲地卧在砚岗上。砚墙前边和两侧雕琢勾云纹，彰显出古朴之气息，且简洁大方。墙边的里侧，勾出一条阴线，使砚边显得线条刚劲，让砚台更显平直方正之感。砚的厚度足够大，有厚重感。

砚堂密布细眉纹。配制作精良的牛毛文紫檀天地盖。

24

清·细眉纹歙石卧牛砚

砚台尺寸：172mm×112mm×30mm

由和乐斋主人收藏

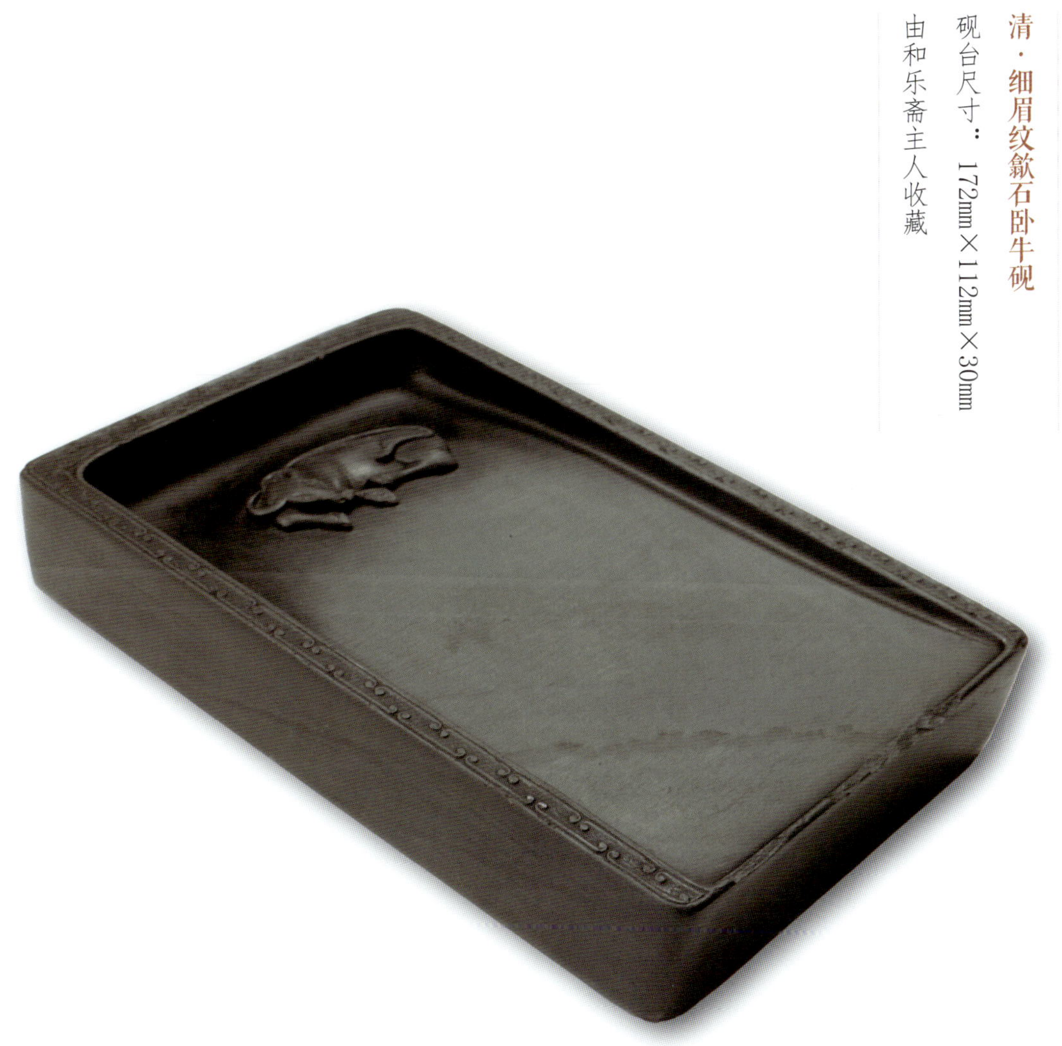

25. 清·海水江崖纹白端砚

砚雕成淌池形，砚背凹槽雕海水江崖纹。

海水江崖，亦可称“江崖海水”。它是一种传统的装饰纹样。这种图案一般表达为：下方排列代表海水的曲线，被称为水脚。水脚上是波涛滚滚的海浪，再上为挺拔巍峨的山石。传统上这种装饰纹即被称为“海水江崖”，寓意为“福山寿海，一统江山”。我们常见其作为龙袍、官服下摆的装饰。

这种装饰纹，在历史上有一个发展的过程。在新石器时期，主要以多条弧线漩涡组成的水纹。战国时期，燕下都的瓦当上出现了山字纹。但这两种纹样的结合及进一步整合，一直到宋代才开始出现。成为直到今天还存在使用的“海水江崖”纹饰。

白端石制砚大约始于宋代。但砚著中首见白端之名，并述及其朱砂砚之用，是明代万历年间文房四宝学家屠隆。屠隆在《考槃馀事》中载：“朱砚……，或用白端石亦可。”

白端是肇庆七星岩独有特产，其中又以七岩之首的玉屏岩所产为冠。由于在明代为保护景区的完整不被破坏，就严令遏制采石，故白端砚传世极少。

该白端砚洁白无瑕，为白端中难寻之品。配精制紫檀盒，具有皇家气息。

25

清·海水江崖纹白端砚

砚台尺寸：85mm×58mm×12mm

由和乐斋主人收藏

26

明·荷瓣形白端砚

砚台尺寸：142mm×85mm×22mm

由和乐斋主人收藏

26. 明·荷瓣形白端砚

此砚为白端石制成，形为荷花瓣状。

砚石应产于肇庆七星岩玉屏峰，砚的石质显米脂粉糯感，带有淡黄色调，纹理细润，晶莹如玉，白的高洁悦目。

白端砚兴于宋，元、明、清各代，白端均为端砚中的名品。

清屈大均《广东新语·锦石》载："其纯白者产七星岩，名曰白端，为柱为础及几案盘盂，皓然如雪，皆可爱……最白者，妇女以之傅面，名为干粉。"这就是说，白端石不仅可以制成文人用的研朱砚，也可以做成女人闺房之研胭脂小砚，也可磨成白粉用之敷面。

该砚雕荷花瓣纹状，砚边中间微凹，给人感觉高雅、恬静之气息，且包浆浑厚，光可鉴人。足见年代久远，符合明代简洁、大气之风格。

27. 清中期·井字纹访友图带眼老坑端石双面砚

砚首雕一井字形水池，这是古砚中经常出现的装饰。井字纹饰，出自从商代发端到周代已经成熟的国家土地制度，即井田制的缩影。古代人在砚中雕琢这样的纹饰，是把砚作为笔耕之田的寓意。

在井字纹饰左侧和下部，雕琢杨柳树、小河流水和拱桥以及路边的小草。桥上马上之人打马飞奔，后面的书童努力跟随。从图上可看出，应是“杏花春雨”的江南水乡的春日，和风煦日下，一读书人带着书童，行进在踏春访友的路上。

砚堂中有一碧绿小眼，眼晕明显。鹅毛绒青花几乎布满砚堂，更有大块翡翠斑。在井字水池的右下侧，有一片金皮让人亮眼。因为砚石厚度可观，这片端石雕成了双面砚堂。从该砚的气息上看，该砚应为清代中期作品。

27
清中期·井字纹访友图带眼老坑端石双面砚
砚台尺寸：153mm×133mm×27mm
由和乐斋主人收藏

28. 清·云纹地日月歙砚

此砚正面雕琢为长方形，有窄窄砚边。砚边内雕成云纹地子，地子上雕日月合璧形，日为砚堂，月为水池。总体设计巧妙。

华夏先民们认为，太阳与月亮为永恒的天象。它们普照大地，滋润着大地上的万物。日月同辉是天文上的一种奇异天象，所以，先民们认为，当天空出现日月同壁，即日月同辉时，可能预兆着国家和民族会有大事情发生。在古代，日月同辉常常作为一种吉祥题材被运用到绘画和雕刻艺术作品上。试想，当古代文人墨客，达官贵胄们喝着茗茶，在日月同辉砚上研墨挥毫，不若身居斗室而乾坤在握吗？

砚呈青灰色，石质坚密，击之有磬石之声，为典型婺源龙尾山之石。配有黄花梨内髹大漆砚盒。

28

清·云纹地日月歙砚

砚台尺寸：130mm×115mm×22mm

由和乐斋主人收藏

29. 清·芦雁纹老坑东洞端砚

砚首雕芦雁纹，芦苇迎风而立，一对大雁在芦苇下自由自在地休息。让人看后情趣陡升。

儒家伦理介入花鸟画和雕刻艺术后，常常以花鸟“比德”。雁为飞禽之冠，被称为“五常俱全”的灵物。李时珍在《本草纲目·集解》中说：“雁有四德：寒则自北而南，止于衡阳，热则自南而北，归于雁门，其信也；飞则有序而前鸣后和，其礼也；失偶不再配，其节也；夜则群宿而一奴巡警，昼则衔芦以避缯缴，其智也。”这也是文人以之为对自己的激励。

砚堂中有大片的鹅毛绒青花和偶见的朱砂斑。清人计楠《端溪砚坑考》载：“水坑东洞中层之石，质本细润，亦有紫色稍淡，谓之淡紫，以润泽纯净无斑类者为佳质，中有淡淡红气，如葡萄初熟者，有细细青花，如苹藻欲浮者品亦上上。”砚淡紫色沉稳，结构细润，应为老坑石无疑。

29
清·芦雁纹老坑东洞端砚
砚台尺寸：173mm×105mm×15mm
由和乐斋主人收藏

30

清·九如纹老坑端砚

砚台尺寸：170mm×100mm×24mm

由和乐斋主人收藏

30. 清·九如纹老坑端砚

在我国，许多民俗都有其渊源的。比如常用的祝福之语“天保九如”“三多九如”等。“九如”来自《诗·小雅·天宝》中的记载：“如山、如阜、如岗、如陵、如川之方至……如月之恒，如日之升，如南山之寿，不骞不崩，如松柏之茂，无不尔或承。”这就是“天保九如”的来历。在传统的习俗中，“蝠”或者“佛”和“福”谐音，“桃子”暗含多“寿”；石榴暗含“子孙”。将多福、多寿、多子孙与“天保九如”合起来，又变成“三多九如”。

该砚为随形状，雕琢相同的九个如意图案，即可理解为九如纹，是“天保九如”的祝福之意，砚堂有大面积的蕉叶白、漂亮的天青和鱼脑冻纹，是为老坑中的佼佼者。砚左侧和右下方阴雕的云纹，既可作为水池的功能使用，又让砚台有凸凹感。

总之，这方砚雕琢精巧，显示了雕琢者的创新和探索精神，是一件不可多得的砚雕佳品。

31. 清早期 · 蜘蛛麦穗纹老坑端砚

砚首雕一圆形水池，池边刻以回形纹。水池右侧刻一麦穗，左侧有一只绿色小眼。巧妙施雕把这只小眼雕成蜘蛛的一部分。整体装饰图案，线条刚柔相济，疏密有度，定为高手作。

图案中，麦穗暗寓“岁岁”，“蜘蛛”别看其貌不扬，其在民俗中称之为“喜子”，即报喜的蜘蛛，再加“回形纹”寓意“绵绵不断”，这种图案意为“岁岁有喜，绵绵不断”。

砚台中除有绿色高眼，尚存红色点状物，即朱砂斑，断为端老坑石无疑。

31
清早期 · 蜘蛛麦穗纹老坑端砚
砚台尺寸：166mm×113mm×20mm
由和乐斋主人收藏

32

清·一甲传胪荷叶纹老坑东洞端砚

砚台尺寸：166mm×155mm×20mm

由和乐斋主人收藏

32. 清·一甲传胪荷叶纹老坑东洞端砚

砚正反面均雕刻荷叶纹，正面水池边琢一只螃蟹，精神抖擞以螯抬一株芦苇横行。砚背荷叶筋脉外露，利用一个翡翠斑俏雕一蟹。

古代科举制度中，殿试以后，由皇帝宣布登第进士名次典礼，叫作传胪。传胪即唱名之意。

各朝代举行的仪式各不相同。以清朝为例，殿试后两天，皇帝召见新科进士。考中的新科进士身穿公服，头戴三枝九叶冠，恭立天安门前，听候传呼。然后与王公百官一起进太和殿分列左右，肃立恭听宣读考取进士的姓名、名次。这叫“金殿传胪”。“胪”有陈列之意。“传胪”就是依次唱名传呼，进殿晋见皇帝。

本砚水池侧雕琢一只螃蟹，因螃蟹为带甲壳的，意为“一甲”。螃蟹之螯抬芦苇前行，意为“传胪”，合起来为“一甲传胪”。即传唱一甲榜中状元、榜眼、探花之名。这是古代中国读书人的梦想与追求。

清人吴兰修著的《端溪砚史》载：“兰修按：水岩亦名老坑，明万历以后所开。内分四洞，曰大西洞，曰小西洞，曰正洞，曰东洞。”明确指出，东洞属于老坑内的坑洞。

此方砚台可见大块翡翠斑、青花、朱砂斑点等石品。砚石坚密，色彩沉静，下墨爽快，发墨细腻，堪为收藏佳品。

33. 清·夔龙纹老坑端砚

砚随形雕成。

砚首雕夔龙纹，几条夔龙均面向长方形水池。夔龙为浅浮雕，头尾相顾，错落有致，让人不由得叹其妙趣横生。

夔或夔龙，是人们想象的一种神兽。《说文解字》记载：“夔如龙一足。”

《辞源》该条目：“夔龙，相传为虞舜二名臣，夔为乐官，龙为谏官。”

《辞源》该条目又载：“李（颐）云：黄帝在位，诸侯于东海流山得一奇兽，其状如牛，苍色无角，一足能走，出入水即得风雨，目光如日月，其音如雷，名夔。”

古代读书人的志向，就是梦想通过读书，成龙成凤，成为帝王的能臣名吏，治国平天下，名垂青史。故此，在读书人使用的砚台上雕龙纹以装饰，其寓意昭然若揭。

该砚让人感觉沉静肃穆，抚之如婴儿之肤，敲之木声，研墨无声，有天青、青花、鱼脑冻、翡翠、蕉白、火捺诸石品，堪称老坑石上品。

33
清·夔龙纹老坑端砚
砚台尺寸：193mm×105mm×21mm
由和乐斋主人收藏

34

清·荔枝纹老坑端砚

砚台尺寸：145mm×102mm×17mm

由和乐斋主人收藏

34. 清·荔枝纹老坑端砚

端石老坑砚材，历来均是物尽其用。一小片老坑石，随形雕成这种形制，是为做得砚堂宽广。

砚头一枝荔枝上，几片叶子，几颗果实。稍大的果实雕成水池。就是这寥寥数刀之工使人眼前一亮。荔枝因唐朝杜牧“一骑红尘妃子笑，无人知是荔枝来”的诗句，尽管是讽刺统治阶者的荒淫无度，确也让荔枝这种水果名声大振。

在我国的书画、雕刻及其他艺术品的装饰均有民俗的寓意。荔枝的“荔”字与“利”字谐音，装饰此种纹饰寓意为“红利当头”，或“红利满枝头”的喜庆之意。

也有的地方，把荔枝、桂圆和核桃三种水果，寓为“连中三元”。

总之，这片小砚石，因其是老坑石质的贵重，被砚雕者和拥有者视为心中的宝物。

此砚有火捺、蕉叶白、鱼脑冻、朱砂斑等石品花纹，从而砚堂看起来色彩斑斓，特别是砚堂的朱砂斑，似可作为判断老坑的依据。

35

清·石纹端砚

砚台尺寸：185mm×125mm×31mm

由和乐斋主人收藏

35. 清·石纹端砚

该砚雕琢纹饰独特，意在突出古拙气息。拙者，大巧也。提示人们，做任何事情，不可试图只想走捷径，不费力，而应脚踏实地，一步一步前行，才能做得大事业。特别是提示读书人，知识的取得，不能图快，图巧，而应塌下心来，经年累月地积少成多，才是正途。这就是砚边雕刻大小石子的用意。

该砚有天青、青花、翠绿、鱼脑冻等石品花纹，堪称端石老坑中佳品。

36. 明 · 端石抄手砚

此砚式为玉堂式，又名太史砚。一般认为这种砚式在宋代较流行。在宋代，玉堂和太史是翰林院的别称。

该砚雕刻线条挺拔流畅，设一字深池，彰显砚堂宽阔，气势威严，应归为官砚之类。石质滋润，沉静大方，为文房之佳品。

砚石色红喜人，给人以深厚凝重之感。在阳光下侧视，有闪闪发光的“芒”点呈现。这是端石宋坑石含有大量比例的石英物质和绢云母矿物折光所致。

36
明 · 端石抄手砚
砚台尺寸：188mm×100mm×60mm
由和乐斋主人收藏

37. 明・歙石抄手砚

该砚石产自江西省婺源县济源坑，是著名的鱼籽石砚。

制式为太史砚。线条硬朗，简洁明快，造型大气，符合明官砚的风格。

根据该砚鱼籽纹的漂亮及石质的坚密，可判定为婺源县济源坑所产鱼籽石之精品。

该砚堪称一方大砚。

37
明・歙石抄手砚
砚台尺寸：215mm×121mm×37mm
由和乐斋主人收藏

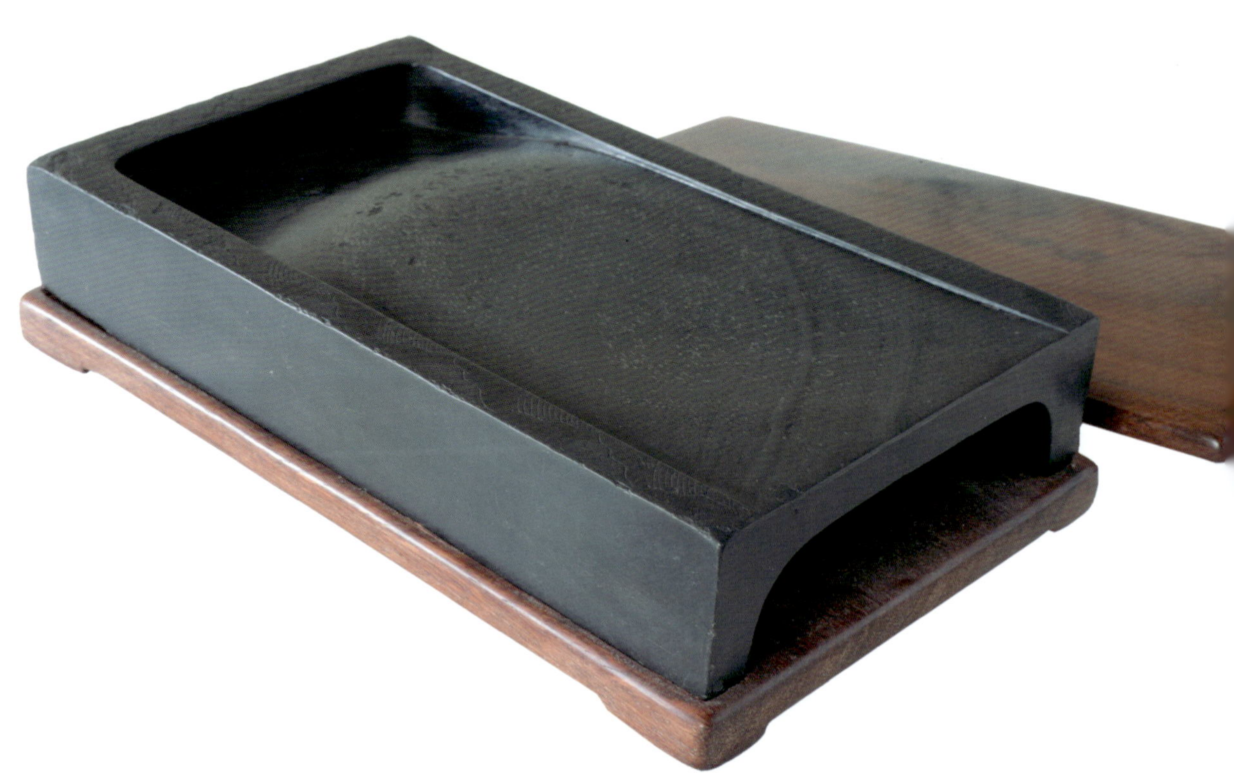

38

清·花瓣纹老坑端砚

砚台尺寸：185mm×110mm×22mm

由和乐斋主人收藏

38. 清·花瓣纹老坑端砚

可能是这一片老坑石长宽比例偏大，砚雕者选择以玉兰花瓣的形状雕成此砚。

玉兰为高大落叶乔木，高度可达 15 米以上。玉兰花树亭亭玉立，花开时清香四溢，有极高观赏价值。远在春秋时期，我国已经开始种植玉兰。著名爱国诗人屈原在其《离骚》中，就有“朝饮木兰之坠露兮，夕餐菊之落英”之句。尤其是白玉兰，古代文人常自比品格之高洁。

砚雕者只以简洁的十数刀，就勾勒出砚台轮廓。砚堂湿水后能显现清晰的青花、翡翠和朱砂斑，应为端老坑之石所制。

39
清·云纹双面端砚
砚台尺寸：147mm×123mm×20mm
由和乐斋主人收藏

39. 清·云纹双面端砚

砚呈随形，除去砚边，全部雕琢成宽阔的砚堂。砚边在砚首处较宽，往两侧直到尾部逐渐变窄，从而让我们看到砚边线条的流畅，造型的优美。砚边雕琢云纹，疏密相间，连绵不断。相传，我们的祖先根据天空中变幻无穷的白云，创造出装饰云纹。云纹的出现要早于文字。

砚石石质结构致密，手抚滑腻，呈青灰色，加水后略显微紫。砚面有通体横纹，应为从乾隆时期就开采的冚罗蕉石，下、发墨不若“上三坑”爽细，但也不失为一优良坑口出品。

40. 清·福禄随形老坑大西洞端砚

砚为随形。砚首雕葫芦纹，“葫芦”与“福禄”谐音。取“福禄”永享之义。虽然雕琢并不复杂，但此砚整体却让人感到视觉舒服。

砚堂中青花、朱砂斑、金线等石品告诉我们，这是老坑大西洞的砚石所制。

牛毛纹紫檀盒精美，这是该砚身份的佐证。

40

清·福禄随形老坑大西洞端砚

砚台尺寸：110mm×75mm×12mm

由和乐斋主人收藏

41

清·葡萄纹老坑端砚

砚台尺寸：155mm×108mm×16mm

由和乐斋主人收藏

41. 清·葡萄纹老坑端砚

砚为淌池式。除砚首处雕琢葡萄纹外，皆光素无纹。使砚台看起来显得朴素精巧，人见人爱。

砚堂中有青花和蕉叶白，使砚台体现出石质的高贵。尤其朱砂斑的呈现，更使我们判断此砚为端石老坑无疑。

42. 清·瓜果纹老坑端砚

砚为随形。

砚首雕花果纹装饰。在花果丛中，有一随形水池，样式古朴，砚堂中，大面积天青、青花石品，并有一条银线，为老坑石无疑。

42
清·瓜果纹老坑端砚
砚台尺寸：172mm×112mm×18mm
由和乐斋主人收藏

43. 清·回纹一字池歙红石砚

大约在宋时（或以前），安徽省古歙州的一些地方就出现了一种紫红矿石，开始在祁门县，后又在歙县、休宁等地发现并制砚。因均产于古歙州的一些县，所以惯称为“歙红”。

因歙红石结构坚实，细腻滋润，刚柔相济，既下墨爽快，亦贮水不渗，具备了好砚石的优点于一身，所以在宋、明时期，歙红砚石就一砚难求。我国的论石第一书、宋人杜绾的《云林石谱·婺源石》中就记载：“又有祁门县文溪所产，色青紫，石理温润，发墨，颇与后历石差坚。近时，出处价倍于常。土人各以石材厚大者为贵。”这就证明宋时就有歙红石制砚。

该砚紫红如火，声响如磬，确为难得的一方古砚。砚边雕琢回纹，砚首雕一字形水池，使砚台显得简洁大方，线条流畅，有文人的气息。砚台通体深红，让人眼前一亮。

回字纹的出现，可上溯到我国的新石器时期，甘肃马家窑出土的彩陶，就有规矩的回形纹饰。历史学家们认为，马家窑文化是仰韶文化的向西发展，距今有 2000 ～ 5000 年的新石器后期的文化。在以后的商朝青铜器上，回纹装饰也十分流行。古文字学家认为：回纹应源于水流动时产生的漩涡形态，是一种向心的回旋框架结构。

此砚的砚边回形纹，连绵不断，首尾相接，其寓意应该是“富贵不断头，吉利永长久”。

43

清·回纹一字池歙红石砚

砚台尺寸：185mm×125mm×30mm

由和乐斋主人收藏

44

清·一字池眉纹歙砚

砚台尺寸：202mm×125mm×22mm

由和乐斋主人收藏

44. 清·一字池眉纹歙砚

细眉纹是龙尾山歙石眉纹的一种，一般下墨较细。

该砚雕琢线条简练挺拔，一字池边缘稍加点缀，显得朴素大方。又形成墨池宽广，易于研墨的特点。这种造型的砚台，为典型的文人气息的实用砚——端正平直、简洁大方。

该砚实为书房大砚。

45. 清・梅花纹端砚

此砚随形而制，整个砚边为一枝梅花，一个分枝脱离老干，突兀在水池和砚堂之间，既有装饰功能，又借以把砚堂和水池分开，从而使砚台的功能齐全，设计巧妙。梅花及花蕾只有几颗错落，仿佛争吐暗香。

梅花原产我国南方，已有 3000 多年的栽培历史，既有观赏梅，也有果树梅，品种众多。

梅花是我国十大名花的成员。与松、竹并称为“岁寒三友”。在传统文化中，梅花以高洁、坚强、谦虚的品格，给人以奋发图强的激励。此砚台雕琢梅花纹，其意在于，它会随时提醒使用者：永远不忘梅花之高尚品格。

45

清・梅花纹端砚

砚台尺寸：175mm×130mm×21mm

由和乐斋主人收藏

46. 清・老坑端石板砚

水坑砚石为老坑石之最，其质极软嫩，细润如玉，其色青中带灰，微呈紫色。陈龄在《端石拟》中说："石之备妙处，至文所著也。故青花聚处可察眼路。未有粗粝之石而生佳眼者也。"

此老坑板砚石质细嫩，沉静肃穆，且有小眼一只，更彰显老坑石之尊贵。

砚盒内有"富米珍藏"印，并有题文："砚板端砚，有眼，天青、青花，具备老坑水归洞出坑者。乙未富米识。"

水归洞石出处，为老坑开采进行到水平面以下的名坑，与大西洞相邻。有论砚者说，停采老坑石前，大西洞和水归洞已然打通，以后再无水归洞之说。

46
清・老坑端石板砚
砚台尺寸：178mm×125mm×24mm
由和乐斋主人收藏

47

清·老坑端石板砚

砚台尺寸：205mm×138mm×30mm

由和乐斋主人收藏

47. 清·老坑端石板砚

该板砚石质细腻，如人们所说，手抚若婴儿之肤，且蕉白、火捺、翡翠斑、青花等石品分布砚板之中，让人爱不释手。

梅山周氏《砚坑志》讲述到端石老坑时这样描述："其石可砚者仅一线，如金银矿之砂路，上下四旁俱黄色粗粝，如人工垒堤修路之物，而一线之物，又必有如膜如膘，包之络之，去膜与膘，然后得石。"这是告诉人们，从老坑取出制砚之石，非常不容易，一石难得。正因为如此，人们对老坑砚石珍惜有加。凡出现好的砚石，规矩方圆后，往往舍不得再去雕琢成砚，而以平正方直的砚板状态把玩。当然，这样的砚板也可以用来研墨。

原配牛毛纹紫檀天地盖，佐其珍贵也。

48. 清・松月纹老坑端砚

此砚石质坚实、细腻、滑嫩，有鱼脑冻、青花、翡翠斑等石品。松枝纹和云纹雕刻的线条细腻繁缛，又毫发毕现，绝对是砚雕高手所为。尽管是在砚首部分为装饰而雕琢很小的区域，但繁缛的风格已经告诉我们，成砚时间应为清乾隆时期无疑。

随着时间的推移，这样的有着十足文人情趣的老坑端砚，将会越来越引起藏砚、玩砚人的关注，成为人们追求的珍品。

48
清・松月纹老坑端砚
砚台尺寸：128mm×83mm×14mm
由和乐斋主人收藏

49
清中期·盛古轩款斗彩瓷行囊砚
砚台尺寸：76mm×51mm×7mm
由和乐斋主人收藏

49. 清中期·盛古轩款斗彩瓷行囊砚

在我国的陶瓷发展史上，一般认为自商代开始出现青釉。在此基础上，青釉砚台从东汉三国时出现，两晋得到发展，隋、唐、五代已到鼎盛。自宋开始，瓷砚使用逐渐减少。到明清时期，瓷质砚台的主要功用其实已经变成文人怀旧崇古的文房把玩之物。

这个斗彩小瓷砚，做得小巧玲珑，色彩艳丽，其实也应该是以把玩为主的。从实物看，它的老旧程度明显，但其被人研墨使用的痕迹不足。

50
清早期·回纹门字形麦叶绿天坛石砚
砚台尺寸：170mm×113mm×25mm
由和乐斋主人收藏

50. 清早期·回纹门字形麦叶绿天坛石砚

天坛砚因产于河南天坛峰下而得名。它始于唐代开元年间，距今有 1000 多年。天坛砚因唐代政治家、文学家韩愈的一首《天坛砚铭》而名闻天下。

天坛砚的种类繁多，如天蓝、红墩、青斑、金线，麦叶绿、柳芽黄、三彩等。这方砚就是天坛峰下的麦叶绿。

麦叶绿为深绿色的砚石，以此种砚石做成的砚台，非常漂亮和醒目。砚石具有细腻滋润、柔而不绵，石质坚而不脆，锐而不刚，色如秋水，声如木鱼。这些石质特征决定了用天坛石制成的砚台，一定具有下墨如飞、贮水不渗、研墨手感爽而柔、硬而不滑等特色。

此砚雕琢成规矩的回形纹，使砚台整体给人以庄重大方、朴素无华的感觉。

51. 清·福临眉（梅）纹老坑端砚

砚为随形制式。

砚首雕琢一蝙蝠趴在砚边上，俯视水池中的一枝梅花。“蝠”与“福”谐音，“梅”与“眉”谐音，暗含福到眉梢的寓意，眉梢即为眼前。

砚堂中满堂青花，几乎没有其他石品，故砚石幼嫩，朴素无华，下墨爽快，发墨如油。砚上的雕刻花纹已被墨渍腐蚀得有斑驳之感。说明其存世之久远。可想而知，这样只有盈掌的小砚，在其存世的历史中，不论换了多少主人，都会是主人手中的把玩之宝。

51

清·福临眉（梅）纹老坑端砚

砚台尺寸：135mm×88mm×22mm

由和乐斋主人收藏

52
清·夔龙纹门字形老坑端砚
砚台尺寸：150mm×100mm×21mm
由和乐斋主人收藏

52. 清·夔龙纹门字形老坑端砚

门字砚是诸多制式砚台中比较常见的一种制式。它结构简单，成砚像汉语的“门”字，特点是，这样雕琢，能最大限度地让砚堂宽阔，使砚石有效功用达到极致。

此砚为老坑石，石质坚实细腻，有火捺、鱼脑冻、青花等石品，整体保存完好，实为难得的文房佳品。

53. 清·琴形金星歙砚

该砚为古砚中一种重要形制，即琴形砚。由于古琴被人们给予太多的寓意，因而古代文人士大夫多崇尚琴形砚。

古琴，又称瑶琴和七弦琴，它是我国传统乐器，《诗经》载：“窈窕淑女，琴瑟友之”“我有嘉宾，鼓瑟鼓琴”。这样看来，古琴至少有 3000 余年的历史。且琴是我国古代祭祀等活动的礼器，也是乐律法器。自古有“士无故不撤琴瑟”和“左琴右书”之说。古琴位列“琴棋书画”之首，被文人视为高雅的代表。

琴上部为“池”，意为平整，下部为“滨”，意为服从。

在舜之时，琴为五弦，象征五行，并且与五音相对。大弦为君，小弦为臣，以合君臣之序。周文王加一弦，称为“少宫”，周武王加一弦，称为“少商”，和前几弦合起来象征七星。这就是古代文人崇尚的“君君臣臣”的忠君思想，也是中国古代社会的最基本礼法。

该砚除整体为琴形外，砚头雕云纹、寿字，挖成月形水池，显得素雅大气。砚石采用江西婺源歙石四大名坑之一的金星坑之石。砚面上金星密布，如秋夜星空一样美丽和神秘。

故此砚不论是雕刻还是石质，都是十分难得的一方金星砚。

此砚配有老红木整体挖盒。

53 清·琴形金星歙砚
砚台尺寸：136mm×70mm×17mm
由和乐斋主人收藏

54
清·门字形老坑大西洞端砚
砚台尺寸：148mm×102mm×16mm
由和乐斋主人收藏

54. 清·门字形老坑大西洞端砚

砚为门字形素砚。雕琢的线条流畅、简捷，为典型文人砚气息。

砚堂呈现鱼脑冻、蕉叶白、青花、朱砂斑等石品。砚的颜色为紫红色，加上石品花纹衬托，使砚的色彩喜人，让人爱不释手。带有原配黄花梨砚盒，更增添了此方砚的古朴之风。

55. 清 · 张坑端石小砚

端砚自唐以来，砚坑以百计。但只有老坑为端砚之灵魂。提到老坑，又必须知道，新中国成立以前端石老坑的最后一次开坑。

晚清“四大名臣”之一、曾任两广总督的张之洞，于光绪十五年（1889 年），力排众议，重开老坑。这次开坑所得之石，石色青中偏蓝，又带紫色，让人看之，沉静中不失暖色调，鱼脑冻、翡翠斑、石眼、火捺、蕉叶白、青花等石品花纹均佳。自此，论及古今端溪老坑之石，言必称“张坑”，并被爱砚者由衷奉为端石之神品。

该小砚即为端“张坑”石质，大小盈掌，除满堂青花之外，尚有可见大小不同的朱砂斑可爱喜人，诚为文房中把玩之物。

55

清 · 张坑端石小砚

砚台尺寸：128mm×90mm×17mm

由和乐斋主人收藏

56

清·圆形澄泥行囊砚

砚台尺寸：φ 85mm×14mm

由和乐斋主人收藏

56. 清·圆形澄泥行囊砚

一个椭圆形水池，加上稍微变化的两条龙巧妙地组成二龙戏珠纹，再加上一个阴刻弦纹，就是这个小砚的全部装饰。简洁流畅的雕琢定会使人爱不释手，这就是古代典型的书房气息。如若旅行，此等小砚体积不大，给行李增加总量不多。途中若想修书一封，作诗一首，加水研墨即可使用。

此砚为澄泥烧成，颜色古朴，式样独特，泥质细润，硬如岩石。

57. 清·宋坑端石门字砚

砚体除横平竖直线条外，光素无纹，显得古朴厚重、沉静大气。

砚的颜色紫中带红，是为砚石爱好者称为“一片红”的老宋坑。阳光下砚堂迎光侧视，有密密麻麻的闪光点，即石英及绢云母的“芒点”。

配酸枝木天地盖。

57

清·宋坑端石门字砚

砚台尺寸：170mm×107mm×36mm

由和乐斋主人收藏

58. 清・神龟吐云纹洮河砚

该砚应为洮河石中喇嘛岩上层鸭头绿石所制。其特点是质较硬，下墨锋利，出墨细腻，久用不滑，是砚石中上品。雕刻风格更突出西北人纯朴刚扬之风。其砚头龙龟吐云纹雕刻更具特色。

吐云之龟，应为自古相传的龙龟，其特点是龟身龙头。故称之为龙龟。相传，龙龟为神龙所生，背负河图洛书之龟，即为此龟所为。

龟属于“龙、凤、龟、麟”吉祥四灵之一，又是仁寿的象征。所以龟的形象，从古至今都被人们所喜爱。

该砚所雕的龙龟吐云纹饰，更是古代文人“修身、齐家、治国、平天下”心愿的体现。有云则不愁雨，而雨即风调雨顺、农业丰收，为农耕民族生存之本。

在古代，由于交通所限，端、歙之砚较易取得，而产于西北荒凉之地的洮河砚，在民间相对少见，因此比端、歙更显珍贵。这方清中期以前的洮河砚，更是弥足珍贵。

58

清・神龟吐云纹洮河砚

砚台尺寸：155mm×93mm×24mm

由和乐斋主人收藏

59. 明·韭边门字形淌池红丝石砚

红丝石砚至少在唐朝时就已经出现，应与端、歙等石质砚几乎前后时间面世，这是不容置疑的。只是因为宋朝以后，该砚种因矿脉的枯竭，才退出了“四大名砚”之行列。

唐人柳公权在《砚论》中提出：“蓄砚青州为第一，绛州次之，后始论端歙。”

宋人杜绾《云林石谱》云：“青州益都县红丝石产土中，其质赤黄，红纹如刷丝，萦绕石面而稍软，扣之无声。琢为研，颇发墨。但石质燥渴，须先饮以水，久乃可用。”

宋人唐询《砚录》载：“青州黑山红丝石为砚，人罕有识者，此石至灵，非它石可与较议，故列之于首焉。”

该砚由于成砚时间久远，砚石表面已经改变了红丝石红黄主色调，而更接近土黄色。砚台表面红色或黄色的细丝也只能隐约可见，仔细分辨才能断定为山东红丝石。至于是产于临朐的老崖崮，还是产于青州黑山已很难断定，但该砚是山东红丝石所制是确定无疑的。

该砚为淌池式，砚堂宽阔，砚边雕刻为韭边纹，线条硬朗，气势非凡。

根据其包浆浑厚及扑面而来的老旧气息判定，应是明代之物。

宋代以来留存下来的山东红丝石砚，远少于端、歙砚，像这方明代的红丝石老砚，应具有很高的收藏价值。

59
明·韭边门字形淌池红丝石砚
砚台尺寸：200mm×117mm×30mm
由和乐斋主人收藏

60

明·歙石蝉形大砚

砚台尺寸：262mm×132mm×20mm

由和乐斋主人收藏

60. 明·歙石蝉形大砚

砚琢为蝉形，砚面平正方直。古朴之气息扑面而来。砚的石质应为婺源龙尾山老坑石。

此砚体态巨大，放在案头有威严之感。

61. 清·蔓草纹淌池麻子坑端砚

此砚为“上三坑”之一的老麻坑石雕刻而成，宽阔的砚堂，硬朗的线条，窄窄的砚边上流畅欢快的蔓草纹，使人视觉上顿生愉悦之情。砚台只有盈掌之大，却让人产生小中有大之感。

《诗·郑风·野有蔓草》载：“野有蔓草，零露漙兮。有美一人，清扬婉兮。 邂逅相遇，适我愿兮。 野有蔓草，零露瀼瀼。有美一人，婉如清扬。 邂逅相遇，与子偕臧。”为此，我们可知，先秦时期这一首恋歌中，就用蔓草来衬托姑娘的欢快之情。

其实，蔓草纹用于装饰，在唐以前就普遍存在。但在文房用砚上的雕刻使用，大约在元、明、清时代才趋于普遍。

古代文人采用蔓草纹装饰书房中的砚台，是把蔓草连绵不断的生长特点，赋予连绵不断的吉祥内涵，希望美好幸福长久流传。

从该砚的雕刻风格看，应为清中期遗留之物。

该砚配有漂亮的紫檀木盒，更使该小砚成为难得的收藏佳品。

61

清·蔓草纹淌池麻子坑端砚

砚台尺寸：152mm×103mm×18mm

由和乐斋主人收藏

62. 清・瓦当砚

以秦砖汉瓦为砚，古已有之。尤其在唐宋之时，文人以书房有砖瓦砚为荣。因古砖和古瓦当有制作年号，很容易判定为何时何建筑物的砖瓦。古时制作建筑用的砖瓦，用料考究，软硬度、颗粒粗细度以及经处理后的耐渗度，均适于研墨。这是文人喜欢以砖瓦为砚的根本原因。

北宋景佑年间，谢景山赠欧阳修古瓦砚一方并赋诗一首，欧阳修为了答谢，作《瓦当砚》诗一首："砖瓦贱微物，得厕笔墨间。於物用有宜，不计丑与妍。金非不为宝，玉岂不为坚。用之以发墨，不及瓦砾顽。"直到近代，著名文人，如鲁迅、吴昌硕，仍对砖瓦材质的砚情有独钟。

比较有名的为砚的砖瓦，有汉末映宫砖、楚王庙砖、阿房宫瓦、汉代长乐瓦、铜雀台瓦等。其实秦砖汉瓦均可用来制作砚台。

这方小砚为平板形，因为无瓦当的制作年代，已经很难判定何时遗物。因砚正面右侧有一处突起，才判定为一片瓦当所制。其花梨木盒为清代所制，只好暂定为清以前瓦当平板砚。

62

清·瓦当砚

砚台尺寸：170mm×78mm×10mm

由刘世一先生收藏

63

清·瓜瓞纹歙砚

砚台尺寸：135mm×97mm×16mm

由刘世一先生收藏

63. 清·瓜瓞纹歙砚

砚首雕瓜瓞纹，制式为淌池砚。

砚质为婺源龙尾山产的黑龙尾石。砚雕刻的线条简洁，包浆浑厚，乌黑发亮，有古朴之风。

配花梨木原盒。

64

清·瓜瓞纹绿端砚

砚台尺寸：112mm×85mm×12mm

由刘世一先生收藏

64. 清·瓜瓞纹绿端砚

此砚为清末、民国时器物。砚首雕瓜瓞纹，为淌池式。雕刻只十数刀，却雕出秀气的格调。砚盒底为原配，盒盖为紫檀木后配。砚台小巧玲珑，为文人书房把玩之物。

65. 清·朝天岩端砚

朝天岩在端石中，是为名坑之一，几与白线岩、宣德岩比肩。此砚为平板形，砚首雕琢瓜瓞纹。

砚堂中石品有火捺、青花和漂亮的玳瑁纹，使砚台显得庄重沉穆。该砚为不可多得的实用砚台。

65

清·朝天岩端砚

砚台尺寸：142mm×96mm×13mm

由刘世一先生珍藏

66. 现代·云龙纹淌池端砚

砚琢为随形淌池式。砚首和右侧雕云龙装饰纹，两只龙在云层中穿越翻腾，寓意飞龙在天。

砚堂有银线、翡翠花纹，石质温润细腻。砚呈青灰微紫色，沉稳端庄。

66

现代·云龙纹淌池端砚

砚台尺寸：160mm×112mm×18mm

由刘世一先生珍藏

67
现代·端石坑仔岩喜鹊登梅高眼砚
砚台尺寸：190mm×148mm×22mm
由刘世一先生收藏

67. 现代·端石坑仔岩喜鹊登梅高眼砚

砚首高浮雕梅花纹，一枝梅花老干虬枝，繁花盛开，仍有花骨朵儿高挂枝头，含苞待放。砚雕者刀法细腻，用刀纯熟，将此株梅花树雕琢得活灵活现。

在枝繁叶茂的梅花中，喜鹊脚下，一只高眼呈现。石眼为椭圆形，淡绿色，有眼晕相环。尚有火捺、青花、蕉叶白等石品。

砚台的砚堂宽阔，石质细润，手抚滑腻，下墨发墨均好，为一实用上好坑仔石砚。

68. 清·松云纹歙砚

砚为淌池式。砚首雕琢松树和云纹。

宋王安石《字说》中云："松为百木之长，犹公也，故字从公。""公"系古代官爵名称。《礼记·王制》记载，天子统御天下，下分"公、侯、伯、子、男"五等爵位。除去"公"代表爵位之外，人们对松树还赋予坚韧不拔、傲立不屈的形象。云纹在我国出现更早，文字出现之前就已有云纹出现。北周庾信《广饶宇文公神道碑》中有"祥云入境，作雨随轩"。有云才能有雨，对于农耕民族，下雨是吉祥之事。所以，云气除让人感觉神奇美妙，发人遐想之外，云纹还有吉祥和高升之意。

砚呈青灰色，石质细润坚实，敲击有金属之声，发墨爽快。砚堂有罗纹石品，应为婺源龙尾山罗纹坑之石所制，为歙砚上品。

68
清·松云纹歙砚
砚台尺寸：143mm×91mm×18mm
由刘世一先生收藏

69. 现代·荷花螃蟹纹钓鱼台铭淌池式宣城砚

宣城砚，也叫宣州砚，在汉代已经问世，唐代宣城砚已名满华夏，成为著名砚种。据宣州地方志记载，宣州不仅有砚，还有宣纸、宣笔、宣墨，是唯一“文房四宝”俱全的州级区域。

唐代著名诗人李白有《草书歌行》流传于世，其载：“少年上人号怀素，草书天下称独步。墨池飞出北溟鱼，笔锋杀尽中山兔。八月九月天气凉，酒徒词客满高堂。笺麻素绢排数厢，宣州石砚墨色光……”

明代高濂《遵生如笺论砚》载：“其余如墨石砚、红丝砚……宁石砚、宣城砚。”

历史上的文字记载充分说明，宣城砚的历史确实悠久。

此砚为淌池砚式，池中雕荷叶纹并有莲叶和一枝莲花。荷叶下露出螃蟹的两只螯和前半身，看似不经意的十数刀雕纹，如画龙点睛，立刻使这方砚台情趣盎然。这方砚台除去这简洁的装饰纹，再无任何纹饰。其余只是勾勒砚台形态的横竖线条。砚台整体给人以素而有饰，饰而不繁，充满文人砚气息。雕刻的装饰纹的莲叶和莲花，合起来为“一棵莲”，“莲”与“连”谐音；螃蟹即为“一甲”。故这简洁的装饰纹寓意为“一甲连科”。对中国古代文人意味着大吉祥。

砚台色黑如漆，沉静素雅，涩不留手，滑不拒墨，发墨如油。迎光而视，会在黑色的砚面之中发现有密集黑色点状物，非常像歙砚的乌丁罗纹。这一石品在放大镜下观看，如只只飞燕在翱翔。

砚台盒上有“钓鱼台”三字铭文，说明这是国家领导人在重大外事活动中赠送给外宾的礼品砚。清代宫廷造办处御制的砚台，因出身“皇”门而价值连城；而今“钓鱼台”所铭之砚，随着时间的推移，也会因其出身高贵，而风靡于世。

69

现代·荷花螃蟹纹钓鱼台铭淌池式宣城砚

砚台尺寸：180mm×120mm×20mm

由刘世一先生收藏

70. 清・荷叶纹墨雨随形歙砚

该砚正面砚首雕荷叶纹，荷叶雕得筋脉毕现，叶面上的虫蛀孔，已可以假乱真。

砚台呈青灰色，表面有漂亮的金皮。砚堂有细水波浪纹及粟米金星。可确定为龙尾山水舷坑石所制。更妙者，砚面有水舷坑石常见的“雨点金星”石品，雨点自右上方向左下方倾斜。与常见“雨点金星”所不同的是，斜长的雨点丝，不是金黄色，而是淡黑色。恰似清代砚藏家黄任的“墨雨砚”。

歙砚的金星，是矿石中的黄铁矿结晶呈星点状分布在砚石表面，其色泽金黄，如夏日夜空中闪烁的星斗，十分耀眼喜人。该砚的“雨点金星”可能是因为矿石成矿时，黄铁矿结晶未能完整形成，故而没有形成黄金色，才有似“墨雨砚”的黑色。在歙砚的“雨点金星”石品中，极少见有黑色雨丝。像该砚这样的“墨雨砚”，应为罕见的绝品，得之者大幸也！

该砚另一特点也很独特。自古以来，人们崇尚歙砚用深溪之石制得。歙砚的四大老坑均离溪水很近，尤其是水舷坑，就在芙蓉溪旁。古人在采石时，砚石不慎落入溪中，或因其他原因掉入溪中的矿石，经溪水几百年的浸泡，使砚石的某些特质发生了实质性的改变。正如福建高山石滚入溪水和稻田，经长时间的浸泡，变成田黄石的道理一样。砚石被溪水浸泡后，表面形成金黄色的表皮，被当地称为金皮。该砚的石体，在离开山体时，断裂且不规矩。在砚台下部边缘，有一较大凹槽，槽深 3 厘米，长 5 厘米，且横断面参差不齐。由于溪水浸泡，槽内断面均已成金黄色。砚台敲打时，发出沉闷的砖瓦声，或如敲木之声。砚堂和水池因雕刻去掉金皮后，石肉呈灰色，阳光下闪烁出珍珠般的光泽。

宋人欧阳修主张：“端溪以水岩为上，龙尾以深溪为上，其较优劣，龙尾远出端溪之上。”欧阳修所论深溪之石，应该就是如此砚之石了。

70

清·荷叶纹墨雨随形歙砚

砚台尺寸：160mm×110mm×23mm

由刘世一先生收藏

71. 清・蔓叶纹淌池歙砚

砚台雕成淌池形，在细窄的砚墙上，雕琢瓜苗的蔓叶纹饰。刀工细致，图像表现准确。除下边墙无纹饰外，其余三边浅浮雕纹饰连绵不断，显得繁缛又密而不乱，是典型的乾隆时期的雕刻风格。

砚台呈青灰色，湿水后变浅黑色，有密集的细罗纹石品，产自龙尾山罗纹坑无疑。

71
清・蔓叶纹淌池歙砚
砚台尺寸：125mm×80mm×15mm
由刘世一先生收藏

72. 清·梅石纹端砚

砚台为随形，雕琢成梅花纹装饰。

砚背中心有一颗浮雕梅花，梅花老干虬枝，三五朵梅花蓓蕾含苞欲放。其中一枝条从砚首左侧穿过砚墙，又横插砚堂，直到砚首右侧而止。这枝条既点缀了砚首，又把水池和砚堂分开，别有一番情趣。砚台包浆浑厚，古朴之气息尽收眼底。砚台呈青灰色，注水后有淡紫色呈现。砚堂深凹，砚堂中心处厚度，已剩砚厚度的二分之一许，可见几百年来，砚主人使用此砚之频繁。长年的磨砺、墨渍浸泡砚堂，致使砚台整体呈现青灰色调。这也证明该砚存世之久远。

72

清·梅石纹端砚

砚台尺寸：145mm×108mm×21mm

由重阳生先生珍藏

73. 现代·云龙纹淌池端砚

砚呈微黄色，砚堂中有平行的纹路，背后红黄色石皮，堂中更有一条漂亮的黄龙文，给砚台增添色彩。在砚首的左侧，有一绿色的眼隐在云纹之中。

砚首雕琢云龙纹，一条巨龙在祥云中飞腾，龙首高昂抖擞，龙爪张扬，孔武有力。

73
现代·云龙纹淌池端砚
砚台尺寸：170mm×125mm×24mm
由重阳生先生收藏

74
清·瓜瓞纹端砚
砚台尺寸：151mm×100mm×16mm
由刘世一先生收藏

74. 清·瓜瓞纹端砚

砚为平板形，砚首雕腰圆形水池，水池的右侧雕瓜瓞纹装饰。

砚呈浅紫色，砚堂有翡翠、青花、金线等石品。尤其是翡翠，大小不一，形态各异，几乎分布在整个砚堂。判定为水麻坑石所制。

75

清·荷塘纹细罗纹歙砚

砚台尺寸：155mm×102mm×20mm

由瑞夫先生收藏

75. 清·荷塘纹细罗纹歙砚

该砚正面雕刻荷塘纹。在荷塘之上开出长方形砚堂。微风吹过荷塘，水波荡漾，水面上荷叶迎风挺立，有一只盛开的荷花亭亭玉立地在风中摇曳。一个荷叶形水池雕在砚首处。

砚呈纯黑色，石质坚密，敲之有清脆之声，手抚润滑，下墨爽快，石色沉稳，有缜密罗纹。砚石应产于龙尾山罗纹坑。

宋米芾《砚史·歙砚婺源石》记载："歙州有砚图，石峒最多种，而赤紫石多瑕，土人以线脉隔为三种病，今人以细罗纹无星为上。"

76. 明 · 淌池式歙砚

砚台呈青灰微黄色，包浆浑厚，年代久远的气息直扑眼中。砚堂中有几条裂纹，但这几条裂纹既不透底，裂纹头尾又不通砚边，更不渗水，故绝不是外力造成的裂纹，应是砚台年代久远而自然生成的。湿水后可见漂亮的犀角纹。

砚台除雕刻形制必备的纵横线条外，再无其余装饰，朴素大方，平正方直。平淡之美，为之大美。

砚背覆手边缘有金皮显露，定为龙尾山中溪水泡过的金皮砚石所制，为世上稀罕之物。

76

明 · 淌池式歙砚

砚台尺寸：158mm×102mm×16mm

由瑞夫先生收藏

77. 清·细眉纹淌池式歙砚

砚呈纯黑色微泛蓝色，给人以沉稳之感，迎光而视，可见漂亮的细眉纹。随着砚台的水平转动，细眉纹颜色出现明显的深浅变化。砚石应出自眉子坑下层。

在砚堂上方雕一半月形水池，水池将砚岗含入半月形之内，设计巧妙。

砚台皮壳闪亮，可见包浆之浑厚，应为清前期之物。

配红檀木砚盒。

77

清·细眉纹淌池式歙砚

砚台尺寸：150mm×105mm×20mm

由瑞夫先生收藏

78
明·金银间刷丝韭边纹淌池砚
砚台尺寸：165mm×108mm×18mm
由瑞夫先生收藏

78. 明·金银间刷丝韭边纹淌池砚

砚为淌池式，颜色清灰，砚边做韭菜纹状，砚台给人以简朴大方的气息。

砚堂有漂亮的金银间刷丝纹。湿水后，可清楚看到刷丝微带弧度，金银间刷丝和青灰色刷丝密集地排列在砚堂中，手指轻抚刷丝纹，听到瑟瑟之声。

宋代书法家米芾《砚史·歙砚婺源石》记载："又尝一土人家，见一金丝罗纹砚，其纹半金半黑，光彩与常异。"

明代曹昭撰《格古要论卷中·古砚观》记述："歙溪罗纹、刷丝、金银间刷丝、眉子新旧坑石。四名旧坑，皆青黑色。纹细而润如玉，罗纹如细罗纹，丝刷如发密，金银刷丝亦细密，眉子如甲痕或如蚕大，亦南唐时开，到北宋无矣。贵重不减龙尾旧坑四品。"

这些告诉我们，宋明时期就很重视金银间刷丝石品，不论旧坑、新坑，均已为文人手中的珍品。

配老红木砚盒。

79. 清・眉子纹淌池式门字歙砚

砚台雕成淌池式门字形。砚首门字边框上浅浮雕瓜瓞纹，刀工细腻，雕工繁缛。砚呈深灰色，石质晶莹细润。阳光下呈现绸缎般的光泽。在细水波纹的底子上有清秀的如甲痕或如蚕大的短眉纹。如甲痕的眉纹迎光转动，会出现强弱变化。注水研墨，墨条与墨面摩擦，发出微弱的沙沙声，这时你不得不想起“罗细无纹角浪平，半丸犀璧浦云泓。午窗睡起人初静，时听西风拉瑟声”这一苏东坡的诗句。尽管这首诗是为暗细罗纹写的，其实也是写给龙尾山四大名坑歙砚的。

综合这方砚的特点，可以判定该砚应为龙尾山眉子下坑石所制。

配花梨木砚盒。

79

清・眉子纹淌池式门字歙砚

砚台尺寸：164mm×109mm×22mm

由瑞夫先生收藏

80
明·罗纹淌池式歙砚
砚台尺寸：148mm×100mm×15mm
由瑞夫先生收藏

80. 明·罗纹淌池式歙砚

该砚为龙尾山罗纹石制淌池式素砚，除竖横线条组成的砚的形状外，没有任何雕琢饰纹。但砚的整体形状，却让人精神为之一振，朴素大方的砚形，流畅的线条，别具一格。

砚呈黑灰色，石色沉稳，质地坚润，罗纹石品左上右下布满砚堂。罗纹的条状清晰可见，使整个砚堂显得干净利落。砚石应产于龙尾山罗纹坑。

由于年代久远，加之使用率高，砚堂已经有很深的凹陷，古朴之气，迎面而来。

配酸枝木砚盒。

81. 清·荷叶池龟甲纹歙砚

砚首浅浮雕水波纹，在水波纹中琢一荷叶状水池。

砚呈黑灰色，湿水后有明显的白色龟甲纹，白色的线条极细，交织出致密的龟甲纹，还可见清晰的线眉分布在砚堂中。这样的龟甲纹在歙砚中不常见，尤其是龟甲纹与细眉纹交相辉映的石品，得到更是难能可贵。

此砚摸之抚之，石质细腻；观之察之，砚中石英分布密集；研之试之，下墨如飞，墨汁浓黑泛油。应为眉子下坑之石。

配酸枝木砚盒。

81

清·荷叶池龟甲纹歙砚

砚台尺寸：135mm×92mm×15mm

由瑞夫先生收藏

82
清·瓜瓞纹淌池歙砚
砚台尺寸：140mm×100mm×16mm
由瑞夫先生收藏

82. 清·瓜瓞纹淌池歙砚

砚首雕琢瓜瓞纹，砚堂不见歙砚典型石品花纹，整体呈纯黑色，应为龙尾山产黑龙尾石雕成。

砚台包浆厚重，如黑漆般光亮的皮壳，标准的古老歙砚的皮壳特征。

配老红木砚盒。

83. 清·瓜瓞纹瓜形水池歙砚

该砚为平板式，砚首雕瓜瓞纹，蔓状叶茂果实硕大。在瓜叶丛中，琢一瓜形水池。

砚台呈青灰色，石色沉稳，石质坚润。砚堂罗纹缜密，抚之有瑟瑟之声，敲之出金属之声。当为龙尾山罗纹坑石所制。

83

清·瓜瓞纹瓜形水池歙砚

砚台尺寸：125mm×84mm×16mm

由瑞夫先生收藏

84
现代·金晕随形歙砚
砚台尺寸：145mm×100mm×26mm
由瑞夫先生收藏

84. 现代·金晕随形歙砚

砚台为随形平板式。砚右上角雕一弯月状水池。砚面有宽窄不同带状金晕相互缠绕，恰似两条金色巨龙在天飞翔。它们穿云起雾，雄姿万里。这应是龙尾山金星坑之石。其金黄色调，使该砚台看上去美轮美奂。

配花梨木砚盒。

85. 现代·雨点金星山水纹歙砚

砚雕成树桩形，雕砚人把此砚开随形淌池砚堂，砚堂周围琢山水人物，右侧下部水面上有船行驶，山岩上有松树屹立。山势险峻，高山之侧，在苍松之中，似有古刹耸立。

砚面上雨点金星石品赫然在目，金星灿烂如斜风细雨，排列于砚堂中。砚背也有金星密布。砚石呈青灰色，正反面皆可见细细水波纹，应为龙尾山水舷坑所产。

配酸枝木砚盒。

85

现代·雨点金星山水纹歙砚

砚台尺寸：122mm×113mm×17mm

由瑞夫先生收藏

86. 清中期·瓜瓞纹庙前红歙砚

在这个淡紫色小砚背后，有一个流传千余年的故事。

《钦定四库全书》收录的宋人佚名《歙砚说》有如下记载：“唐公砚录云，尝过金陵，于翰林叶道卿处，见一砚方四五寸许，其色淡青，如秋雨新霁，远望暮天，表里莹洁，都无纹理，盖所谓之美也。云得于歙，不知出于甚坑。今不复有。”

自宋、元、明、清以来，人们追求《歙砚说》中所表述的“其色淡青，如秋雨新霁，远望暮天，表里莹洁”之砚，把这种砚看成歙砚中的神品。

无独有偶。也是在宋代，著名书法家米芾所著《砚史·歙砚婺源石》载：“亦有赤紫色石，无纹理，少瑕，光泽如枣木，土人以为香炉之类，亦斫为砚。”

这就是告诉我们，在宋代古歙州婺源就有赤色的砚石。但人们对这种赤色之石的下发墨优劣，似乎并不十分了解，也可能米芾的“土人以为香炉之类，亦斫为砚”的说法，使人们对这种赤色之石的认识有偏颇，并不见好，所以人们对这种赤色石的追逐也可能不如“其色淡青”之石那样强烈。

到了20世纪末，由现代歙砚大家胡中泰编的《歙砚的鉴别和欣赏》一书面世，爱砚者才彻底明白龙尾山歙砚这两种“青”“红” 之石的千年之谜。

在这部书的《稀品》一节中提道：“庙前红”的“庙前”，指产石的地址，即砚山口进去不远的一座神庙之前。石色黑中暗红，故称“庙前红”。（请注意，胡中泰先生已把宋人米芾在《砚史·歙砚婺源石》中提到的“亦有赤紫色石，无纹理”之石，命名为“庙前红”。）

胡中泰先生在这部书中接着记述：“庙前红石，石质坚紧温润，在清代之前，已被采用。如清代学者程瑶田在《纪砚》中载：‘庙前红石色微红，似端石，其质佳。’ 而今人发现此石还是在80年代之后。在此之前，多数人只知其名而不知其形，如现代已故著名歙砚鉴赏家李明回先生，在《歙砚》一文中就留下了这样一段话：‘今各博物馆藏砚中，未见有色红之歙砚，而歙婺诸坑中，近年来所产，亦无此品，殊令人叹惋。或世间流传，尚有存者，亦未可知。附此一笔，望有心人注及之，勿使此异品沦没也。’”

胡中泰先生继续在该书中记述：“1991年，在龙尾山旧庙址，终于找到了庙前红石，从其石质与纹理来看，庙前红有两种：一种是石色与端石相似，有细罗纹……另一种色如紫砂壶中的古红泥，无罗纹。”

这方小砚是21世纪初在秦皇岛市场上被误认为端砚买下的。在清洗、试墨过程中，发现与端砚不符。其特点如下：

（1）该砚在日光下呈浅紫色，非常像端砚的色彩，但其背后有大小形状不同的金黄色斑点。沉水后仔细辨认，发现这些斑点有如龙尾山金星坑的金星点。而端石一般不会有这样的金星点。

（2）该砚的砚首雕瓜瓞连绵纹饰，从纹饰的式样和刀法上看，是歙砚清代的传统雕工，其与端砚的同时期雕工截然不同。尤其是，该砚的与砚堂相连水池前的砚墙不是垂直的，而是从上往下，前砚墙向前倾斜，这是歙砚雕花前砚墙的传统雕法。

（3）该砚的砚堂经砂纸细磨后，放入水中，可见暗细罗纹。这是部分龙尾砚坑石才会有的石品，而这种暗细罗纹几乎不可能在端砚中出现。

（4）在古歙州的其他县中，也有红色砚石产出。如歙县上丰的红色砚台、祁门县文溪产的青紫石。但这些砚石的颜色、物质结构、硬度等方面，明显与龙尾山“庙前红”砚石不同。歙县产的“歙红”为紫红色，颜色艳丽；祁门县产的红色砚石为青紫色。两处产的砚石，石质均无庙前坑产出的砚石细腻，且石纹也有差别。习惯上把除婺源龙尾山外古歙州其他几县的红色砚石，均称为“歙红”石。而婺源龙尾山“庙前坑”产出的红色砚石则称“庙前红”。

综上所述，该砚为婺源龙尾山“庙前坑”所产“庙前红”砚石所制。也即是自宋代以来，爱砚之人追逐上千年的“庙前红”歙砚。在安徽省博物馆，一方“庙前青”砚台早已摆在展台上，供人们参观，而这方“庙前红”歙砚，也许会得以展示。倘如此，已故著名歙石鉴赏家李明回先生的生前遗愿也算实现了。

该砚雕琢刀法细腻、花纹繁缛，应为清中期之物。

原配老红木砚盒。

86

清中期·瓜瓞纹庙前红歙砚

砚台尺寸：125mm×92mm×16mm

由瑞夫先生收藏

87. 清·青鸾展翅歙砚

砚为淌池式。砚首雕青鸾展翅纹饰。

青鸾，即凤凰的一种。凤凰为祥瑞之鸟，是天下太平的象征。古人认为天下太平之时，必有凤凰飞来，它代表着古代读书人“修身、齐家、治国、平天下”的志向。

砚台近纯黑色，石质晶莹润泽。下墨快，发墨细。砚面有细眉纹，也有折光强烈的细润眉纹和长眉纹，应为龙尾山眉子坑所出之石。

配红檀木砚盒。

87

清·青鸾展翅歙砚

砚台尺寸：178mm×123mm×18mm

由瑞夫先生收藏

88

明·旭日东升金晕歙砚

砚台尺寸：212mm×133mm×33mm

由瑞夫先生收藏

88. 明·旭日东升金晕歙砚

砚台总体呈灰黑色。正面砚堂雕旭日东升，巨大的太阳即砚堂。

四条似鱼非鱼的物体，托着太阳升起，砚的上部有飞鸟一只。

圆形砚堂四周有金晕围绕，如金色浮云一样的金晕纹布满砚堂右侧。把砚台整体湿水，可见砚正面几乎布满一层黄色皮壳，让人惊叹不已。

砚背抄手斜面湿水后，呈鲜黄色，并有稀疏的金星显现。此砚应为龙尾山金星坑所产金晕砚石琢制。

配花梨木砚盒。

89. 明·韭边纹淌池式歙砚

该砚琢为淌池式，除砚边为韭叶纹装饰外，整个砚台光素无纹，朴素大方，庄严沉稳。

砚呈青灰色，细密的罗纹分布在砚堂中。砚台包浆厚重，皮壳光亮照人，有岁月沧桑之感。石质坚实，敲击有金属之声。试墨时，砚墨之间切削爽快，须臾之时浓墨已成。

配花梨木砚盒。

89

明·韭边纹淌池式歙砚

砚台尺寸：158mm×105mm×15mm

由瑞夫先生收藏

90
明·黑端石如意池平板砚
砚台尺寸：135mm×100mm×17mm
由瑞夫先生收藏

90. 明·黑端石如意池平板砚

砚呈漆黑色，砚首开如意水池，左上部有翠绿小眼一只，小眼上方有细金线一条。

宋人赵希鹄《洞天清录·古砚辨》载：“世之论端溪者，唯贵紫色，而不知下岩旧坑唯有漆黑、青花二种。初未尝有紫，无它，未曾观古砚耳，其失三也。”

砚石漆黑之色与淄川砚相近，只因一只绿色小眼使其端砚身份得以确定，且必为水坑之石所制。

配花梨木砚盒。

91. 清·端老坑腰圆水池砚

砚台以极细的阴线组成砚边，砚首雕一腰圆水池。水池右侧的装饰纹，因年久磨损似已不可辨。整个砚面干净利落。

砚面湿水后，可见胭脂火捺围绕的大片蕉叶白。蕉白之上布满鹅毛绒青花，砚面和砚背均有翡翠斑分布。

清人吴兰修《端溪砚史》载："青花者石之荣，鱼脑蕉白者石之髓，天青者石之肉，荣无质必附他质而著之，附于天青者上品，附于鱼脑蕉白者，无上上品，惟大西洞有之。"

该砚背面为原石模样，说明这片石很小，制砚者最大限度地让砚面规整方正，砚背只好保持原样子了，可见用料之节省。

91
清·端老坑腰圆水池砚
砚台尺寸：150mm×95mm×18mm
由瑞夫先生收藏

92

清早期·荷塘鱼跃老坑端砚

砚台尺寸：142mm×100mm×13mm

由瑞夫先生收藏

92. 清早期·荷塘鱼跃老坑端砚

砚雕成随形式样。砚首雕夏日荷塘鱼跃图。砚池上部以翡翠斑巧雕几片荷叶，以弯曲的梗蔓把荷叶和水下的莲藕巧妙连接起来。莲藕横卧水下，一条游鱼显躬身欲跃之姿。莲藕和相邻的鱼组成砚岗，恰与荷叶共同围成水池。此荷塘鱼跃图，活灵活现地勾勒出夏日荷塘的情趣。

翡翠斑巧雕成的几片荷叶上，还呈现红色、黄色、白色的点状物，是为老坑特点的“五彩钉”。将砚台沉水观察，砚面上有密集的黄白色的点状物，以白色为主。这些点散落整个砚堂，与砚堂中密集弯曲的细细马尾纹相映。砚背上部一侧有一片漂亮的金皮，在金皮和砚肉之间，还有一层浅绿色泛白的结构层，水中看脉络清楚，显然是一种结晶物。这可证明，这片石在雕琢时，可能去掉大部分围岩和胞络，而只保存了这一小部分石皮。

明代高濂在其著的《遵生八笺·论砚》中载：“或有白点如粟，贮水方见隐隐，扣之无声，磨墨亦无声，为下岩之石，今则绝无，有则稀世之珍也。”

此砚看似灰黑色，沉水后才见浅浅的紫色，砚的正反面均可看到如粟白点，很像端石中麻雀斑石品。砚面湿水观察，呈黑灰色，是长期被墨渍浸泡造成的，似乎使砚石结构发生了物理化学性质的改变，可见砚台使用时间之长久。

砚盒材质为老红木，盒内有厚厚防水漆。结合砚石的特点，可断定该砚为明末清初之物。

93. 清·端老坑小松铭葫芦砚

砚雕成葫芦形，上小下大，中间收缩，即人们称之为“亚葫芦”。砚首雕琢一枝生气勃勃的葫芦植株，有葫芦瓜、蔓、叶、须相映成趣。

在距今约7000年的浙江河姆渡文化遗址中，发现了葫芦的种子，说明葫芦在我国有悠久的种植史。在人类数千年的发展过程中，葫芦与人们的生活密切相关，从人们赖以生存的瓜果变成具有观赏性的植物，由“自然瓜果”变成“人文瓜果”，形成我国特有的葫芦文化，成为中华民族民俗文化的重要组成部分。

葫芦给人以喜气祥和的优美感觉，葫芦二字谐音“护禄”和“福禄”。古人认为它可以驱灾辟邪，祈求幸福，使子孙人丁兴旺。千百年来，葫芦作为一种吉祥物和观赏品，一直受到人们的喜爱。

砚面湿水可见青花、胭脂色斑块和浅黄绿色斑点，手抚润滑，下发墨俱佳，应为端老坑之石。

背面阴刻“小松”二字，行楷字体，规整漂亮。

黄易，又名大易，号小松，又号秋庵，仁和（今杭州）人，曾官济宁同知。清雍嘉时期驰骋江南上百年的金石浙派，其创始人丁敬是黄易的恩师。由于黄易刀法独特，有青出于蓝之誉，与丁敬并称“丁黄”，是为享誉江南的西泠印社前四家——丁（敬）、黄（易）、奚（冈）、蒋（仁）之一。

砚台呈紫红色，打开砚盒，古老之气息扑面而来。砚首的葫芦纹在岁月和墨汁的作用下，有明显的斑驳之感，砚台的磨损也相当严重。

配花梨木盒。

93

清·端老坑小松铭葫芦砚

砚台尺寸：130mm×98mm×10mm

由瑞夫先生收藏

94. 现代·程良铭麻子坑端砚

砚为淌池式素砚，砚面整体光素无纹，湿后可见青花、翡翠、朱砂斑等石品。

前砚墙阴文雕“学无止境”和“庚申”“程良”铭文。

程良，原名程振良，程良是其艺名。

程振良，1972年生于肇庆黄岗白石村端砚世家，程氏制砚第十四代传人。现为国家级制砚大师。十三岁开始学制砚，作品多次获奖。

按中国的夏历，最近的“庚申”应为1980年，程良八岁。这方小砚应为家人为其学习书法、作画而准备的书房学习用砚。

砚台紫中带青，石质细润，致密坚实，手抚感觉嫩滑，具有端名砚石的高贵气质。

94

现代·程良铭麻子坑端砚

砚台尺寸：146mm×99mm×20mm

由瑞夫先生收藏

95

明·葡萄纹老坑黑端砚

砚台尺寸：135mm×100mm×12mm

由瑞夫先生收藏

95. 明·葡萄纹老坑黑端砚

砚为淌池式。砚首雕葡萄纹，砚堂除有一翠绿色斑块，可让我们判断其为端石外，再无其他石品花纹。砚石细润坚实，手抚滑腻，下墨快，发墨细如油。研墨时，墨条与砚台之间相吸并发出微弱的摩擦声。

《格古要论·古砚论》记述："端溪石出肇庆府端溪。下岩旧坑卵石，色黑如漆，细润如玉，有眼……此岩，庆历间坑已竭。"

配酸枝木砚盒。

96. 当代 · 荷塘鱼跃纹古塔岩端砚

砚首雕荷塘清趣图。荷叶茂盛，荷蕾高挺出水面，亭亭玉立，荷塘底莲藕横卧。微风吹拂，岸边水花卷起，塘中之鱼跃出水面。线条流畅，刀工准确凌厉，是一方高水平砚作。

砚首水池中，有一高眼，呈翠绿色，瞳孔为红黄色，眼外缘有黑色眼晕。眼为椭圆形，长轴26毫米，短轴16毫米，可称“大眼”了。

砚台颜色为紫中带红，近似赤红。石质光润，凝重。清人高兆《端溪砚石考》提道：“古塔岩，其石比朝天岩无火捺纹、蕉叶白。”据此，该砚应为古塔岩雕花大砚。

该砚为随形，20 世纪购于京城来薰阁，配黄菠萝整体挖盒。

96

当代 · 荷塘鱼跃纹古塔岩端砚

砚台尺寸：300mm×265mm×30mm

由瑞夫先生收藏

97. 清·瓜瓞连绵纹老坑端砚

砚为淌池式。砚首雕瓜瓞纹。

砚堂及砚背有多处鹧鸪斑，黄红色的斑点为砚台增添了可看性。一般认为，鹧鸪斑砚石产于老坑顶板。由于其砚石密度比老坑上品要差一些，细润度、下墨也差一些，且和老坑比较往往有些燥，但仍不失为下墨利器。

该砚湿水后，可见蕉叶白、火捺纹，加之黄红色的鹧鸪斑纹，使砚堂色彩别有情趣。

清人吴绳年《端溪砚志·卷首》在讲到大西洞石时，这样表述："他如鹧鸪斑，如冬瓜瓤，人以为石之病，而其实不然，若不碍墨堂，姑听之可耳。"

配枝木砚盒。

97

清·瓜瓞连绵纹老坑端砚

砚台尺寸：135mm×101mm×15mm

由瑞夫先生收藏

98. 清・端溪大西洞花果纹砚

砚首雕腰圆水池及瓜果纹，朴素大方。

砚堂中散布青花、蕉叶白、火捺等石品。

砚背也有青花密布，并有金线纹。砚石颜色淡紫微红。加水试墨，砚墨相吸，下墨无声，为典型的端老坑大西洞砚石所制。

砚盒底为原配老红木，盒盖为后配酸枝木。

98

清・端溪大西洞花果纹砚

砚台尺寸：145mm×97mm×12mm

由瑞夫先生收藏

99
清·瓜瓞纹淌池老坑端砚
砚台尺寸：120mm×85mm×12mm
由瑞夫先生收藏

99. 清·瓜瓞纹淌池老坑端砚

砚首雕琢瓜瓞连绵纹，整体呈淡紫带红色，石质细润。

有鹧鸪斑、浮云冻、火捺、朱砂点和虫蛀纹等石品，为典型老坑大西洞顶板料所制。为难得的一方把玩小砚。

原配老红木砚盒。

100. 清早期·门式淌池老坑端砚

砚雕成淌池门字式砚，线条简洁，平正方直，光素无纹，显得古朴大气。

砚的石品花纹有青花、火捺、蕉叶白、翡翠、玫瑰紫等，集老坑许多品种于一身，是难得的一片老坑大西洞石。

配条纹乌木砚盒。

100

清早期·门式淌池老坑端砚

砚台尺寸：145mm×99mm×14mm

由瑞夫先生收藏

101

清·瓜瓞纹麻子坑端砚

砚台尺寸：150mm×101mm×16mm

由瑞夫先生收藏

101. 清·瓜瓞纹麻子坑端砚

砚首左侧雕瓜瓞纹装饰，花朵盛开，一只小瓜藏于茂盛瓜叶之中，蔓须向前上方，呈现旺盛生长之势。

砚首开腰圆形水池，刀锋犀利，线条简洁。不过数十刀，即表现出瓜瓞的葳蕤之貌。

砚台石品有青花、火捺、翡翠斑、金线等，应为麻子坑之石。

配枝木砚盒。

102. 明·如意池大西洞端砚

该砚只在砚首雕如意水池，光素无纹，彰显古朴之风。砚台表面斑驳老旧，岁月悠久之风扑面而来。

墨池湿水后可见天青之色。在天青底子上布满大大小小的朱砂斑，让人有冲击之感。这种布满砚堂的朱砂斑石品，在端石，哪怕是老坑中产出的砚石中也非常罕见。青花多为青花结和青花斑。火捺纹为玫瑰色，以条缕状穿插在整个墨池中，与朱砂斑相映成趣。更有大大小小青花斑点，组成鱼仔队的队形，行进在水中。

清人吴绳年《端溪砚志·卷首》载："其莹洁而无疵，略众美而色较青，名曰天青也。至或一片内五色备俱，如云霞灿烂，曰古斑，曰朱砂斑，能令人观者炫目，则大西洞间出之珍也。"

清人彭瑞淑论砚："适受命来肇，郡守吴公松岩出数石示余，其状非一。青花，蕉白，火捺外，或眼若鸲鹆，或纹若金缕，或点若朱砂，或彩若翡翠，衬手而润，扣之清越，盖山川之灵钟此奇石怪变不测如斯，乃叹曩之所欣赏未尽也。"

清陈龄《端石拟》载："朱砂斑，石之坚硬处，紫气所凝也。以红润肖真者佳。若见一，二点生于墨窝之外者上上，大块丛生或如鳝血者次之。"

该砚现持有者如是说："此砚收于街肆之中，卖售者其实不明端砚之奥妙。我只以微不足道之资收于囊中。想来我何德何能，市场竟以如此宝物恩赐于我！"

配酸枝木砚盒。

102
明·如意池大西洞端砚
砚台尺寸：215mm×120mm×24mm
由瑞夫先生收藏

103

清·淌池式张坑端砚

砚台尺寸：130mm×92mm×16mm

由瑞夫先生收藏

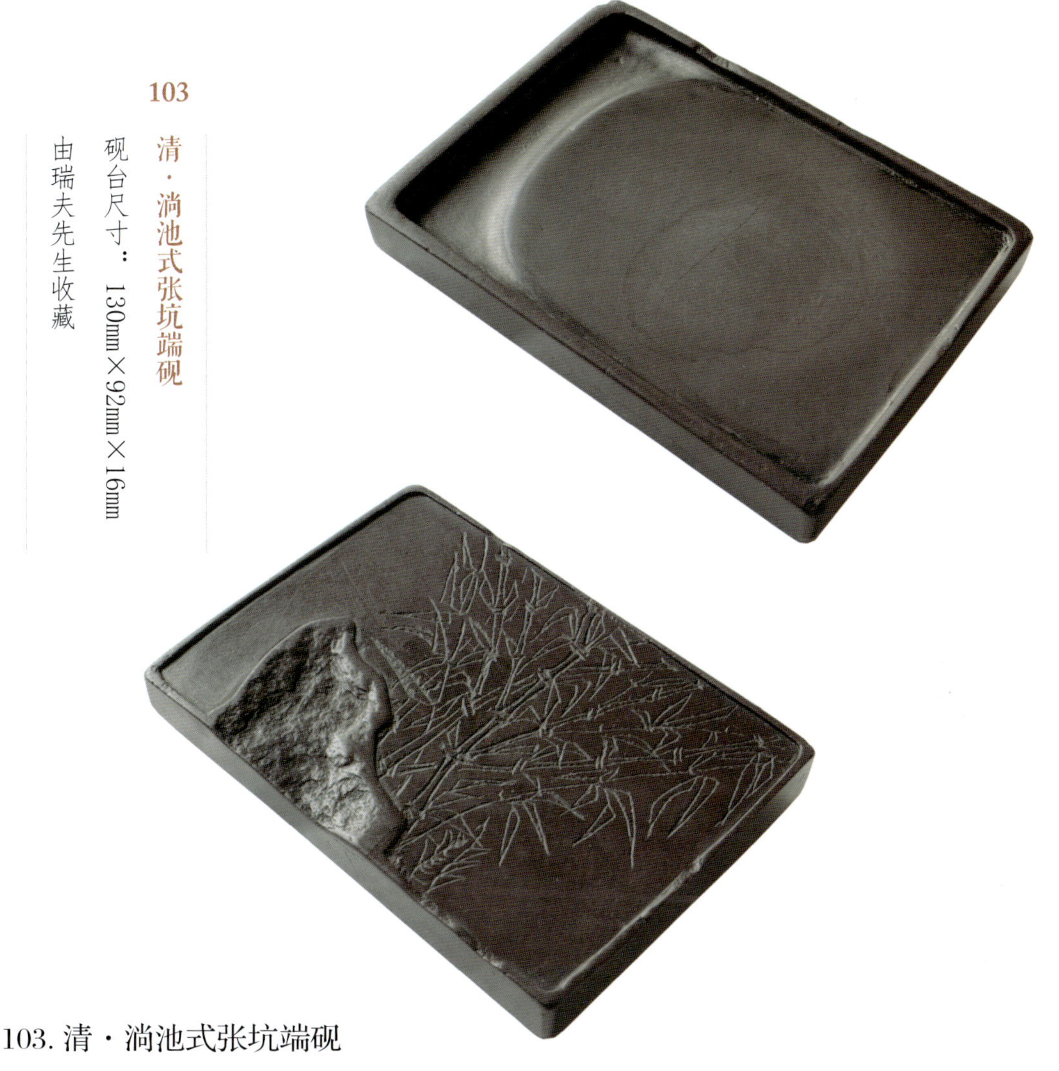

103. 清·淌池式张坑端砚

砚为淌池式。砚的正面，光素无纹，只窄窄地雕四面砚墙。砚岗圆润隆起，体现文人砚的古朴气息。

砚背缺一角，但砚雕者巧妙雕成岩石状，作为砚的奇特装饰，使砚背平添几分情趣。只凭靠线条的美妙，使小砚看起来小巧玲珑，加上砚石呈现紫中泛红，张坑石的喜人本色，让这方小砚成为人见人爱的掌中之宝。砚背的竹丛应为后人所刻。虽然丛竹刻得灵气不足，但与原刻的岩石装饰却也很协调。

砚台石品有黄绿色小眼、朱砂斑等。

带原配紫檀木盒。

104. 现代·梅花坑端石大砚板

该砚板应制于 20 世纪 80 年代。

梅花坑自宋代见著于世。原产于高要市典水村附近，古人称之为“典水梅花坑”。今梅花坑石多产于肇庆北郊北岭山九龙坑一带。因这一带的山脉与宋时旧坑口为同一山脉，所出石品也是石色苍灰，带有青黄色，石眼较多且眼中带睛。梅花坑为端石名坑之一，与老坑、坑仔岩、麻子坑相较，石质较粗，与宋坑不相上下。

这方砚板青灰中带黄，部分区域青黄相间，共有大小 13 只眼。较大的眼为翠绿色带微黄，睛为红色，眼晕为青黑色。石中梅花点明显，金银线纵横。

《砚林脞录》记载清人朱彝尊论梅花石：“典水梅花坑，去端溪四十里，在三水县境，产石亦有鸲鹆眼，方之水岩无甚异。然径尺之中眼多至百数。”

104
现代·梅花坑端石大砚板
砚台尺寸：280mm×182mm×30mm
由瑞夫先生收藏

105

现代·斧柯东山水雕花端砚

砚台尺寸：365mm×262mm×42mm

由瑞夫先生收藏

105. 现代·斧柯东山水雕花端砚

该砚体型巨大，为随形雕琢。砚四周雕崇山峻岭、苍松古柏、山村人家、古寺名刹。砚堂之下的墨池琢为深潭流水，水面上有一小舟航行。匠人采用浮雕、深浮雕及透雕的手法，在尺寸之间描绘出宏大场景。

砚台满堂分布如老坑一样的冰纹和冰裂纹冻。与老坑不同的是，这些冰纹和冰纹冻石品没有老坑的亮丽，也不像老坑那样白而几乎透明。故可以判定，该砚应为斧柯东石或称为沙浦诸坑石。

斧柯山西麓，名坑云集，如老坑、坑仔岩、麻子坑、朝天岩等。而斧柯山东麓，自古以来归沙浦镇管辖。这一区域所产之石，习惯称为沙浦诸坑石，或称斧柯东石。

斧柯东石，从明代就开始采石制砚，石质细腻，坚硬致密，石品花纹丰富，为端石不俗之品，尤其具有很好的实用性。现时，人们往往称其为“新老坑”砚石。

106. 清·黄石砚

黄石砚产于河南方城县黄石山，汉代就已经问世，宋代已经成名。黄石砚以赤紫石为主，还有青紫、青石、凤眼石等品种。

该砚为青紫石制成。砚体大部分为紫石，砚堂出现部分青绿色斑块，从而增加了砚台的多色性，使之更有耐看性。

宋代书法家米芾在其著《砚史·唐州方城县葛仙公石》中记述："石理：向日视之，如玉莹，如鉴光，而着墨如澄泥不滑。"

手握该砚，向日而视，有玉莹和鉴光，玉莹处如龙尾山眉子坑眉纹石品样，随砚的转动，光线也发生明暗变化。

砚体长方形，用两条平行阴线把砚面分成两个区域。上部砚首开云头形水池；下方开圆形砚堂。在水池和砚堂周围，点缀阴刻带藤蔓的小花朵，造成砚石整体既规矩又活泼，充分显示黄石砚雕艺人的心灵手巧。

配花梨木砚盒。

106

清·黄石砚

砚台尺寸：190mm×130mm×20mm

由瑞夫先生收藏

107

现代·二龙戏珠天坛砚

砚台尺寸：235mm×170mm×25mm

由瑞夫先生收藏

107. 现代·二龙戏珠天坛砚

天坛砚产于河南省济源市王屋山天坛峰下的盘谷泉畔，故称天坛砚，也称盘谷砚。

一般认为，天坛砚问世于唐开元前后，因唐代文人韩愈的《天坛砚铭》而使天坛砚名闻天下。

该砚雕刻为随形样式。上部雕琢“二龙戏珠”纹饰，在天空云际之间，两条巨龙共戏一珠。一条龙悠然舞动，而另一条却张牙舞爪，上下翻飞。雕工为浅浮雕和深浮雕及偶有透雕相结合，线条刚劲有力，龙鳞和毛发毕现。

敲击砚体，发出有如木鱼之声，石质细腻，柔而不绵，下墨快，发墨细，贮水不涸，易毫养笔。“石出盘涡，阅岁孔多，刚不露骨，柔足任磨。此为内介而外和。”清代文人纪晓岚在他著的《阅微草堂砚谱》中，在一方天坛砚上所作的铭文，真的很符合天坛砚的特性。

108. 现代·云纹随形红丝石砚

砚台为平板随形式。

砚上方雕漂亮的云纹，给人以天空中云彩流动的感觉。

砚呈红色，并与橘黄色的宽幅条纹相映，红黄相间，漂亮喜人。细细的红、黄色刷丝在砚面中互相缠绕。刷丝繁缛致密，却纹理清晰，恰如漂妇在水中漂洗细纱般变换无穷，图样翻新，真是大自然造化神妙，非人力可为。

砚石质地坚密，敲之有如金玉之声。手抚细腻滋润，易于下发墨，不伤笔毫，盖上砚盒墨汁久放不涸，更有易于洗涤的特点。

正因为有如此之优点，西晋张华所著《博物志》就记述：“天下砚品四十有余，以青州红丝石为第一。”

观其石纹特点，可判定该砚应为山东临朐产红丝石所制。

配花梨木砚盒。

108

现代·云纹随形红丝石砚

砚台尺寸：290mm×203mm×25mm

由瑞夫先生收藏

109

清·山东金星石砚

砚台尺寸：160mm×110mm×16mm

由瑞夫先生收藏

109. 清·山东金星石砚

砚为淌池式，山东金星石所制。

金星石产于山东费县箕山溪水下。从矿物分类上，应属于轻微沙化的泥质灰岩，含有硫化铁化合物结晶，结晶呈金黄色或银白色星点状物。

鲁砚尚黑，金星石也以黑色为主。制砚后在黑色的砚台上，可见金黄色或银白色的亮点如天空中星光闪烁。故古人赞金星石砚："石黑如漆，温润如玉，金星遍布，有大如豆者，细致发墨，叩之有声，砚之上品也！"

该砚光素无纹，粗犷古朴。砚背几乎有一半布满铁的化合物，且这些物质紧紧相连，组成成片图案，被称为"铜云"，在金星石中属稀有之品。

110. 清·山东淄川石带流墨海

砚台呈黑灰色，淄川石所制。

淄川石产于山东淄博市淄川区。明余怀《砚林》载："宋熙宁中，尚淄石研，神宗亲择其尤佳者，赐司马温公。"这里说的是，司马光的《资治通鉴》成书后，宋神宗赵顼为奖励司马光的功劳，而赐其淄石砚。可见，在宋代，淄石已成为皇家赏赐之物，几可与端歙齐名。

该砚为圆形墨海，可装盛大量墨汁，为书写大字必备之器，有盖，盖上高浮雕以拴有绶带之葫芦。葫芦为道家八宝之一，寓"福禄"之义。

砚上制作有流，以利墨汁转移之用。砚台下部有断裂，有八只铁锔钉，将断裂处连合，八只铁锔钉，已经锈蚀严重。这充分看出砚台主人对此淄石墨海的爱惜，虽断残而仍不忍心将其丢弃。

110

清·山东淄川石带流墨海

砚台尺寸：φ 130mm××40mm

由瑞夫先生收藏

111

现代·梅花纹喇嘛崖洮河砚

砚台尺寸：220mm×145mm×35mm

由瑞夫先生收藏

111. 现代·梅花纹喇嘛崖洮河砚

砚雕成随形淌池式。

砚上部为长条形水池，砚堂宽阔；左侧雕老干虬枝梅花，梅花树干自耸立丛石中生出，树干与枝条垂直向上，亭亭玉立，有两朵梅花傲然开放，若干梅花蕾含苞待放。砚的外边缘立面，保存砚石的原来形态，不加雕饰，浅红深绿的底色上，布满黑色的鱼籽状石膘，此石为正宗的喇嘛崖绿漪石。砚堂中有黑绿色水波纹，正是喇嘛崖波涛纹的标准纹路。从整体雕琢风格看，体现出了西北地区民风粗犷的风格。

宋人苏东坡“洗之砺，发金铁；琢而泓，坚密泽”的评价，让人们相信，洮河石砚成为“四大名砚”之一，是名副其实的。

此砚石质细腻，试墨时发现，下墨爽，发墨细，砚墨接触手感好，起墨如油，为一方上等洮砚。

配花梨木砚盒。

112. 现代 · 司南饰纹松花砚

砚堂中雕琢一套司南——指南针的始祖。汉王充《论衡·是应》载："司南之杓，投之于地，其柢指南。"寓意人们做事要有准则，行动不能不注意方向。

砚堂有清晰的刷丝纹，且刷丝纹黄绿相间，应为吉林产的松花石，也称松花玉。

配花梨木砚盒。

112

现代 · 司南饰纹松花砚

砚台尺寸：173mm×121mm×26mm

由瑞夫先生收藏

113

晚清·云鹤松树纹辽砚

砚台尺寸：150mm×100mm×20mm

由瑞夫先生收藏

113. 晚清·云鹤松树纹辽砚

辽砚存世已有1000多年历史，产自辽宁省本溪市桥头镇，当地人称为“大桥石”。

1929年，辽砚曾参加全国首届西湖博览会。在博览会上，辽砚一展出，就引起轰动，与端歙齐名，有“南端北辽”之美称。

在明清时期，桥头镇曾被称白云寨，起源于镇中有一株高大的古松。在古松周围，经常有缭绕不散的白云。

大桥石主要有褐石和石青绿两种奇石，通常称为紫云石和青云石。该砚即由紫云石和青云石相间的石料制成。砚雕者把此砚的砚首浮雕成一棵古松下，一只白鹤昂首远望，树侧有白云缭绕，组成活生生的一幅白云寨风景图。

砚石坚实细腻，手抚有滑润之感，附耳细听，砚面与手指摩擦，发出轻微沙沙之声，显示了砚锋之利。加水试墨，墨条在砚堂中不打滑，下发墨几不输端。

114. 明·朱砂红门字式澄泥砚

砚台雕成门字形，砚首有一字形水池，砚堂已被磨成深深的凹形。

砚台通体深黑色，恰似黑漆一般，包浆厚重。砚堂呈漂亮的朱砂红（也称虾头红）。敲击砚体，发出有如金石之声。砚堂手抚光滑，光泽亮丽，如玉石一样。

天津博物馆藏一方荷鱼砚，其表面也是色如黑漆，砚堂呈朱砂红色，与本砚的工艺应大同小异，也应是同时期面世的制作物品。这样的澄泥砚也被称为“黑包红”。

配花梨木砚盒。

114

明·朱砂红门字式澄泥砚

砚台尺寸：138mm×92mm×13mm

由瑞夫先生收藏

115

清·易水紫翠石墨海

砚台尺寸：135mm×135mm×45mm

由瑞夫先生收藏

115. 清·易水紫翠石墨海

墨海为外方内圆，砚体紫色中有淡绿色翠斑，判定为易水紫翠石砚。

易水砚石因产于河北省易县易水河畔而得名。易水砚始于战国，兴盛于唐宋，至今连绵不断，为我国以石制砚行业的开创者。在新中国成立后，历次全国砚台评比中，易水砚的名次均在十名之内，是名副其实的全国性名砚。

该砚石质坚硬细腻，砚台用心打磨后，其光泽柔润，可见砚石组成颗粒之细微。易水砚易于下发墨，不损笔毫，用来十分顺手。

带平板形砚盖。

116. 近现代·随形半月池翡翠砚

砚呈平板状，上半部开一半月形水池，砚堂四周有砚墙围成。砚堂光滑平整，有翠绿斑和黑色斑块分布，雕工简洁，朴素大方。

翡翠进入我国的时间说法不一。英国人李约瑟《中国科学技术史》中表述："在 18 世纪之前，中国人不知道硬玉这种东西。以后硬玉由缅甸产地经过云南输入中国。"这个论断似乎过于保守。但明代人高濂的《遵生八笺》洋洋洒洒十九卷，从养花种草，健康养生，医药到文房用具，古玩玉器，几乎无所不包，但唯独没有提到翡翠。对于翡翠这种玉石，什么时候出现，都会引起国人与我国的传统玉石相比较。《遵生八笺》中无记载，绝不会是无意漏掉，最大可能是高濂的生存时代还未在我国出现翡翠，或因出现时间短，高濂尚未注意到。高濂生活于明万历（1573—1620 年）年前后，即 16 世纪到 17 世纪初。也就是距今 400 ～ 500 年。所以翡翠进入我国应在 16 至 18 世纪之间的判断是妥当的，翡翠砚的出现就更晚了。

该翡翠砚不论是造型还是耐看度均有其特点，应是一方有价值的砚藏品。

配花梨木砚盒。

116

近现代·随形半月池翡翠砚

砚台尺寸：105mm×88mm×13mm

由瑞夫先生收藏

117

当代·葫芦形贺兰砚

砚台尺寸：235mm×125mm×45mm

由瑞夫先生收藏

117. 当代·葫芦形贺兰砚

清乾隆四十五年《宁夏府志》记载：“笔架山，在贺兰山小滚钟口，三峰矗立，宛如笔架。下出紫石可为砚，俗呼‘贺兰端’。”这是史料中查到的关于贺兰砚的最早记载。

砚雕为葫芦形。砚盖紫色与青绿相间，砚体其他地方也有淡青绿色斑块散布。砚盖上利用青绿色俏雕“知了”一只，趴在茂盛的葫芦叶上，倒也情趣盎然。

砚石色泽莹润，堪比河北易水紫翠石的石质细腻程度。贺兰石成砚后，不渗水，磨墨刚柔相济，下墨快，发墨细，不输一般端、歙水平，确为书房研墨利器。

118. 民国·瑞兽纹易水邵灰石淌池砚

砚为淌池式。砚首雕瑞兽纹，瑞兽双眼暴突，两耳横列，虎视眈眈地趴在山石上。雕工粗犷，线条刚劲。

砚石青灰色，质地坚实，手抚滑润，有淡绿色斑点散落在砚石上。这是典型的易水邵灰石特征。砚背覆手内“连升三级”，并有阳雕“礼义廉耻”铭文，字为楷书，刀法刚劲娴熟。

邵灰石比同为易水产的紫翠石和玉带石质地略微粗硬，但成砚后，下墨如飞，可比肩端宋坑石的切墨之快。故邵灰石砚适合写大字时磨墨，以制大砚著称。

118

民国·瑞兽纹易水邵灰石淌池砚

砚台尺寸：250mm×150mm×40mm

由瑞夫先生收藏

119. 宋·鼓形白瓷暖砚

在我国唐、五代及宋代，瓷砚曾作为文房的主要砚种之一。这时的存世瓷砚，以青瓷为主，少有白瓷问世，这方白瓷砚，体形硕大，是难得的收藏品。

此砚为瓷暖砚，应为上下两片成型后，经黏结烧成的。砚做成后环形中空，且砚体很薄，手执质量很轻。砚的釉面瓷化程度高，白色中微带黄色。砚的胎体制作精细，造型优美，胎色洁白细腻。砚台上下边缘均有乳钉装饰，乳钉沿圆周均匀排列，类似传统鼓的蒙皮钉。钉数上边 77 颗，下边 80 颗。至于为何上下数目不同，目前尚不得而知。

砚堂无釉，上部有一树叶状开口，与砚的环形中空相连，以便向砚体的环形中空部位注入热水，在北方冬季寒冷时，砚可以对墨汁有充分的保温效果。

砚背部凹进去以期减轻重量。在凹进去的圆形部分，有宝相花的纹饰。

宝相花是我国传统吉祥纹饰的一种。它盛行于我国隋、唐、五代时期，以后的宋元明清也均有流行。

这里说的宝相花，不是天然生长的花朵，而是以牡丹、莲花等自然生长的花朵为主体，插入画出形状不同、大小不一的其他花叶。尤其花蕊和花瓣底部，做成特种组合，像闪闪发光的宝珠，显得雍容华贵，富丽饱满，故名“宝相花”。其与摇钱树、聚宝盆共同被称为“吉祥三宝”。该砚底部的这一宝相花图案，以花朵富贵、枝叶布局匀称相得益彰而别具一格。

20 世纪 90 年代，国家文物鉴定委员会委员、天津市文史馆馆员刘光启先生，对该瓷砚研究后指出：“这方瓷砚断代为宋是可以的，但其有明显的五代特点，应斟酌一番再做定论。”

收藏者重阳生先生得到此砚，为 20 世纪 70 年代早期，至今已有 40 余年。

该砚是少有的巨大宋代定窑系白瓷暖砚，且保存完整。

119

宋·鼓形白瓷暖砚

砚台尺寸：ϕ 200mm×45mm

由重阳生先生收藏

120. 民国 · 阳羡泉石主人椭圆紫砂砚

该紫砂砚为椭圆形。底、盖均为紫砂制成。椭圆长轴 115 毫米，短轴 80 毫米，底盖相合后总高 20 毫米。此砚颜色艳丽，小巧玲珑，应为民国时期作品。尽管为上百年之作，但却无使用过的痕迹，其应为文人书房的把玩之物。

砚盖有“阳羡泉石主人仿古并刻”款。阳羡，江苏宜兴之古称，说明该砚制于今宜兴紫砂矿产区，据考证，“泉石主人”似应为谈洪泉（1902—1976）的艺名，民国制壶陶刻名家，宜兴潜洛人，谈洪泉刀法讲究，刀工纯熟，技艺精湛，曾为顾景舟等紫砂名家作品镌铭。

《旧唐书·柳公绰传弟公权附传》：“公权 ……，常评砚，以青州石末为第一，言墨易冷，绛州黑砚次之。”可理解为，中国以石为末烧砚，至少自唐就有之。这里柳氏所言青州石末砚，可视为澄泥砚品种之一，因柳氏以“绛州黑砚（澄泥砚）次之”相较。此种石末砚相传“取烂石研澄其末，烧之为砚”。

清宫有关紫砂砚记载。造办处曾用澄泥加紫砂烧造砚台，被乾隆帝专门作为研朱使用。但其制作方法、配方比例、烧造温度、成砚后硬度及下墨情况还未见详细介绍。

这方小砚，不知是如乾隆造办处那样是澄泥加紫砂烧制，还是如制紫砂壶那样烧制？其实今天也无须得知其制造工艺细节，因为当今世人不会用其研墨，而只是用作文房把玩古砚品种之一而已。

120

民国·阳羡泉石主人椭圆紫砂砚

砚台尺寸：115mm×80mm×20mm

由马玉生先生家传并收藏

赏砚感言

唐代著名诗人号称诗仙的李白，一生留下大量诗篇，其一首《古风》诗如下：

宋国梧台东，野人得燕石。
夸作天下珍，却哂赵王璧。

李白诗中讲的野人得燕石的故事，古籍中是有记载的。

《山海经·北山经》记载："北百二十里曰燕山，多婴石。"后来的研究者说："言石似玉，有符彩婴带，所谓燕石者。"故我们可以认为，燕石者，即产于燕山中，美丽似玉的石头。今日爱石者，对产于燕山及其余脉的黑色、黄色、红色、无色透明的石英石卵石，因其晶莹剔透，也爱不释手。

唐人李贤注释的《后汉书》，引用了《阙子》曰："宋之愚人得燕石于梧台之东，归而藏之，以为大宝。周客闻而观之，主人父斋七日，端冕之衣，衅之以特牲，革匮十重，缇巾十袭。客见之，俛而掩口，卢胡而笑曰：'此燕石也。'主人父怒曰：'商贾之言，竖匠之心。'藏之愈固，守之弥坚。"

由唐著名诗人李白的一首诗，让我们寻知这个故事，告诉我们一事实，那就是，从古至今，人们收藏古玩或宝物的时候，一直存在一个不可回避的真假问题——真品和赝品。

截至今天，我们在探寻古人收藏真伪故事时，得到较早的文字记载是来自战国末期大思想家韩非所著的《韩非子》。

《韩非子·说林下》载："齐伐鲁，索谗鼎，鲁以其赝往。齐人曰：'赝也。'

鲁人曰：‘真也。’齐曰：‘使乐正子春来，吾将听子。’鲁君请乐正子春，乐正子春曰：‘胡不以其真往也？’君曰：‘我爱之。’答曰：‘臣亦爱臣之信。’”

这里可以认为是中国历史上造假青铜鼎有文字记载的首例。这就告诉我们，至少在春秋时，在收藏宝物上就有赝品之说。在国家交往的层面上，都出现以赝充真，更何况一般人之交易。

今天，在我们收藏赏析我们喜爱的古今砚台时，也同样面临真伪问题。砚台造假也和其他文物造假一样，大量赝品流传于市，有的以新做旧冒充古砚，有的以他石冒充名石，真的可以让人真假难辨。如果没有相当深厚的识石辩砚功底，买假货在所难免。

如何才能逐渐练就火眼金睛，在纷纭复杂的古砚流通领域，在大量赝品充斥的市场中，精确识别出我们梦寐以求的中华古砚呢？

1. 多读书

在我国历史上很长时间内，砚台作为文房不可或缺的工具存在。古人云：“文人之有砚，犹美人之有镜也，一生之中最相亲傍。”文人对砚台的认知，大多不是浅尝辄止，而是每日、每时与其打交道。所以文人对砚台的下墨、发墨等使用特性是有切身体会的。他们自然知道什么砚适宜作画研磨，什么砚适宜书写大字或小字。为此，1000 多年来，文人们在亲历亲知的基础上写出的有关砚的著作，大多是可信的，这也是为什么 1000 多年来，端砚、歙砚、澄泥砚和洮河砚，作为佼佼者，被人们所推崇的原因。大家都在用砚，砚的实用性的优劣会展现在所有用砚者的手下、眼前，不容有任何遮掩，才有上千年来的众口一词。

流传下来的砚的著作，是我们中华文化中的特有奇葩。人的一生是短暂的，对所有事情不可能亲力亲为。古人为我们留下的宝贵文字资料，为我们认识各种不同材质砚台提供了宝贵经验。这会为我们提高对砚的认知水平提供一条正确的捷径。

所以，读书，汲取前人经验，是我们尽快走近古今砚台的必经之路。

但也应清醒地认识到，古人也会有局限性。一旦你认真阅读古人留下的著作，你就会发现，由于作者本身经历、知识的差异，年代的不同带来的砚台石料的差异，使人们对各种砚台得出的结论同样也会出现差异，甚至较大的差异。因此，我们不能死读书，要有比较、有分析地读书。对于由于时代的原因，或由于对砚台的盲目推崇，而出现过于神秘甚至有迷信色彩的糟粕东西要以批判的态度对待，这样才会有大的收益。

2. 拜师学艺

西汉刘向《说苑•谈丛》云："十步之泽必有香草；十室之邑必有忠士。"中华民族历来有收藏美德，且收藏历史悠悠几千年。民间自然有收藏高手，他们或家学渊源，或刻苦自学，已有深厚学养。初学之人，要想尽快进入角色，应择优寻得一师，以帮自己早日去掉蒙昧，走向彼岸。

民间收藏高手，可能在社会上并无多大名气，他们也未必想让自己有多大名气。他们的社会职业也未必多么显赫，有些就是普通工人、职员、文化工作者或一般经理人。他们中大多数也只是出于爱好，喜欢，而可能在古玩行浸润十数年，甚至数十年。他们依靠自己的努力和悟性，对某一种或几种古玩收藏、鉴赏已磨炼出独到的眼力，或称为身怀绝技。拜这样的高手为师，可尽快地学到古玩行必备的知识和本领，从而取得走向顶峰的便捷之路。

当然，任何人都会有局限性，也不要认为拜师后就可以让自己立刻或很快成为某一方面的专家。一般来说，拜师会较快提高自己的鉴赏水平。但应切记，这样的拜师，只能把你带入收藏的某一领域的大门，让你对某一领域有基本的认识和理解，也就是对你有启蒙作用。要想使自己真正成为某一收藏领域的高手或者专家，最终要在入门后，不断在实践中磨炼，不断丰富理论知识，才能使自己不断提高技艺。

不管怎样，在瞬息万变的今天，拜一个好的有实践经验的老师，是正确入门和尽快提高鉴赏水平的便捷之路。但切记不要误拜庸师，不小心被带入斜路，而使自己进入收藏的误区，那要花费大力气才能重新进入正途。

3. 和互联网交朋友

互联网的出现，使人类进入一个全新的时代。互联网带来信息传播的大爆炸，更使人们改变了原有的价值链条和产业格局，创造出全新的产业和经济格局模式。互联网使人们获得知识和信息更加便捷。我们生活在这个时代是幸运的，手抚鼠标可知古今，可观天下。对收藏爱好者而言，互联网可提供广阔的视野，查阅无尽的信息，对提供收藏者的鉴赏水平有极大的促进作用。

以现代数码技术为依托的成像技术，可以使图像的分辨率足够高，加上在互联网上图像的方便扩大和缩小，能使观察者清楚地看到砚台的表面状况，再借助图像颜色的调控，使观察者对砚台远程的粗略观察和鉴赏可瞬间在互联网上完成。需要注意的是，在互联网上观察砚台，尽管可达到非常细致入微的程度。但与正常日光状况下，由肉眼观察还是不同的，特别是对颜色的判定。但不管怎么样，借助互联网，能使我们便捷地对砚台品种、坑口、年代等进行粗略的认知，从而辅助对砚台的鉴赏和判定。

4. 多和藏友互相观摩交流

砚台的鉴赏和收藏应为小众范围，不像书画、瓷器和玉器那样，参加者众多，随时可以找到知音。因此，要想尽快提高对砚台的认知水平，一个好的办法就是多和藏友互相观摩交流，定时一起鉴赏新购得的砚台或专题评品评某藏友收藏的砚台。在这样的活动中，大家可以取长补短、共同提高。

2008 年，秦皇岛一藏友从市场寻得一砚，只有盈掌大小。砚式漂亮，雕刻精细，线条流畅，尤其是对水池的处理，恰到好处。砚台颜色青中泛红，给人以沉静的感觉。整体而言，砚台是一片自然片石雕成，背面和四周仍可看出来雕刻前该片石的自然状态，足见雕砚师创作时的惜料之情。经大家赏评，认为确是一台难得之赏玩端砚。

一年多以后，砚主又把该砚拿出请大家鉴赏。在大家的疑惑之中，砚主微笑着慢慢道来："这砚呈微紫，上次咱们一致认为应为上等端石砚，但我总感到有什么地方不对头，所以一年多来，在静下来的时候，我反复观察此砚，直到前几天，我把这个砚台放入水槽中，使其被水浸没。在灯光的照射下，奇迹出现了。在其砚背的上部，明显出现不规则排列的几个金星点。这些金星斑点，边缘清楚，在水中非常醒目，但在不湿水的情况下又很难观察到。仔细观察砚堂，有可见隐隐的细罗纹，显然是暗细罗纹。"大家又一次仔细过水观摩，同意砚主意见，该砚应是暗细罗纹歙砚，有龙尾山歙砚的金星斑点为证。

认识此砚的过程告诉我们，原来大家一致认定其为端砚，主要是因为该砚具有端砚石的紫色，而把大家思路引向了断其端砚的方向。我们忽略了一个事实：即歙砚中也有紫色的砚台。如歙红（产于歙县上丰）彩带、庙前红（产于婺源）、紫云石（产于歙县）、祁门石（产于祁门县）。各种坑口的紫色各有特点，经分析比较，其他红色歙石（广义歙砚石）坑口的特点均被排除，只剩下庙前红（婺源产）的描述与此砚石相近。但唯独庙前红石只有古书上的描述，而我们未见实物留存，无法以实物比较。

此砚为带金星的暗细罗纹歙砚，产于婺源龙尾山可确定无疑。可确定其产于何坑口确有难度，只好待以后再研究确定。

通过对这一古歙砚的鉴赏，我们可以认识到，藏友坚持长期互相观摩交流，一定会在赏玩中不断提高对砚台的认知水平，是一个玩砚的好方法。

5. 树立一个正确的认知观

人们观察世界，需要一个正确的宇宙观、世界观。玩砚、藏砚、赏砚，同样要有一个正确的认知观，这个认知观应该是掌握大方向的，使自己在赏玩砚的过程中走向一条正确的道路。

前面我们提到的宋人得燕石的故事，确实值得我们深省。此故事大意为：宋人偶得燕石，以为漂亮之石必为大宝，故归而藏之。他的父亲为示郑重，正冠整衣，备三牲，戒斋七日。把认为大宝之玉石，用皮革之箱套用十重，又用缇巾包裹十层，妥为保存。当欲买之客见之，掩口捋须笑曰“此为燕山产的普通石头，与砖瓦没有什么不同”时，其父大怒说：商人，竖匠之心。不仅不同意欲买之人说法，反而把这燕山产的石英石，藏得更好，守护弥坚。

宋人得燕石、藏燕石的心态，在这个故事中表现得昭然若揭。自己不懂，却把徒有外表的燕石说为大宝。当内行欲购者告诉他，这只是一个漂亮的燕石，与砖瓦无异时，宋人根本不考虑别人意见，仍坚持自己的无知观点不变，且认为别人是偏见。

这个故事告诉我们，对事物的认知观是人们认识事物的关键，也是让人们不犯错误的关键。任何事物都有其客观标准。对事物不懂装懂还自以为真懂，是唯心的认知观。它忽略了事物的客观存在属性，是不可能有正确的认知的。

玩古玩，讲究的是买对，买价合适，自己心里高兴。要想买对，就要认识它的真伪和年代。而一个事物的真假和年代，必然有它的客观标准，如果忽略了它的真假和客观标准，只注重喜欢，那去买喜欢的工艺品就是了。

我们玩古砚、名砚就要注重砚台的客观标准。这方砚台的石质、坑口、品种、工艺、型制、年代到底如何，是要遵循其客观标准的。

正确的认知观，就是实事求是。人们切不可希冀某一天运气好，在古玩市场上捡个大漏。人们只能遵循客观规律，多读书，多求教，长知识，在实践中锻炼自己的本领，练就一双火眼金睛。那么，在某一时刻，你会在不经意中，在你熟悉得不能再熟悉的古玩市场上，会发现一方砚台穿越时空，历经千年，仍然那样挺拔秀美，避开众人，义无反顾地向你走来。

古玩市场其实就是凭知识，凭阅历发现价值的地方，不像一些人认为的只是碰运气的地方。

此书即将与读者见面之际，特用中华新韵赋诗一首：

精淘市场几十秋，古砚良材欲尽收。
为得纯真心爱物，忘食废寝苦研修。
多年梦想终成稿，十万拙文志已酬。
和乐斋侪同快乐，著书岂为稻粮谋。

瑞 夫

二〇一九年六月第三稿于秦皇岛